# Moin und Salam.

**Elias Hanna Saliba**

**Syrer, Seemann und Hamburger Gastronom –
Ein biografischer Stadtführer und kulinarisches Logbuch.**

*Für **Bea**, die besondere Frau aus Amsterdam.*

*Für **Illy** und **Hilly**.*

*Für **Jacques**, der immer dazu gehörte.*

*Für **Latakia**, meine Heimatstadt am Mittelmeer und **Hamburg**, meinen Heimathafen an der Elbe.*

***Danke** für die Prägung.*

# EINLADUNG

*„In der Vergangenheit*
*ruhen die Wurzeln*
*jenes gesunden, kräftigen Baumes,*
*den wir Zukunft nennen."*

Dieses Buch begleitet uns durch die Hamburger
Jahre des Seefahrers, des Gastronomen, des Menschen
Hanna Saliba, dessen Leben gleichermaßen mit
seiner Heimat Syrien und Hamburg verwurzelt ist.
Hamburger Syrer? Syrischer Hamburger? Saliba
ist beides.

Er führt uns durch sein Hamburg, und dabei
entdecken selbst Alteingesessene vieles, was sie
(noch) nicht kannten. Er lässt uns teilhaben an
seinem Leben, er zeigt uns Orte, die ihm wichtig
waren, und macht uns mit guten Freunden bekannt.

## Aus dem Seemannsleben von damals: Das Hafenmuseum. Die ganze weite Welt der SEEFAHRT!

Wer den Seemann Hanna Saliba, seine Fahrten und Erlebnisse kennenlernen möchte, ist hier genau richtig. Denn man findet dort alles Sehenswerte aus seiner Arbeitswelt, die er vom Schiffsjungen bis zum Kapitän durchfahren hat.

Schon sehr früh hat Hanna an Bord auch kochen gelernt: bei einem Kümo-Kapitän, der selbst auf seinem Schiff kochte und ihm beibrachte, seine Gerichte nachzukochen. (Vorzugsweise Schweinebraten, manchmal die ganze Woche!) Er fuhr auf Stückgutfrachtern und Containerschiffen (Letzteres nicht so gern!). Er war auf kleiner und großer Fahrt unterwegs und fast rund um die Welt.

Kein Wunder, dass er sich bei Besuchen in Hamburgs Hafenmuseum immer wieder wohl fühlt. Dort, wo die Atmosphäre der alten Seemannswelt noch zu spüren ist!

*Rezept:*
*Curry nach Seemannsart*
*Seite 96*

„An meinem ersten Tag in Hamburg war nicht nur die Stadt das **GRÖSSTE,** sondern auch meine Unterkunft: die Jugendherberge am Stintfang!"

Wenn man jung ist, hat man einfach nicht das Geld, um eine Wohnung oder ein Zimmer im Hotel zu bezahlen. Also nahmen sich Hanna Saliba und seine Freunde Jacques und Samir für die erste Nacht in Hamburg ein Zimmer, wo sie sich's leisten konnten: in der mutmaßlich größten Jugendherberge der Welt! Zusammen hatten die drei Freunde nämlich nur 17 Mark in den Taschen (das Einzelzimmer war für ganze vier Mark zu haben).

Hanna erzählt von diesem Zimmer immer wieder gern, vielleicht gerade deshalb, weil ihm heute ein wesentlich schöneres Domizil für den gesunden Schlaf zur Verfügung steht. Doch damals war das nicht nur vom Geld her sehr angenehm. Die Jugendherberge war auch ideal, um internationale Freunde kennenzulernen. Freunde, mit denen die große Stadt viel leichter zu erkunden war!

*Rezept:*
*Foul Medammas*
*Seite 98*

**ZUM SEETEUFEL**
Das Erste Haus an der Elbchaussee

Eine der letzten Seemannskneipen Hamburgs, der Felix Graf Luckner
im Jahre 1958 den Namen gab.
...egensatz zu anderen Traditionskneipen, die in stürmischen Zeiten die Segel
strecken mussten, ist im Seeteufel noch alles an Deck."

Hier gibt es noch die würzige Mischung der Gäste: die ehemaligen Studenten
der damals nahen Seefahrtschule, die hier nun als Kapitäne ihre alte Heimat
von weit her anlaufen, die Künstler und Handwerker, Architekten und Kaufleute,
Anwälte und Ärzte, Politiker und Schauspieler, Reeder, Knobler und Kartenspieler.
Sie alle lieben ihr kleines Wohnzimmer und die Wirtin Evi. Ihr und dem Seeteufel
allzeit gute Fahrt und eine Handbreit Wasser unter dem Kiel.

Felix Graf Luckner, 1881-1966, Seeoffizier und Freibeuter - als Seeteufel bekannt · www.seeteufel-hamburg.de

## Letzter **ABSACKER** und **EARLY BREAKFAST** in einer der ältesten Seemannskneipen Hamburgs.

Als es noch eine Seefahrtsschule gab, gingen hier die angehenden Kapitäne wie Hanna Saliba ein und aus. Es war *die* Studentenkneipe, in der er vor oder auch statt der Vorlesung frühstückte und gelegentlich auch mal ein erfrischendes Bier trank. Man traf sich, diskutierte und philosophierte, wie Seefahrer es an Bord bei der Überquerung der Weltmeere tun, über Gott und das Weltgeschehen. Weniger über Steuerbord und Backbord – obwohl, eine Verwechslung wurde meist sehr teuer! Man sieht: Der „Seeteufel" ist nicht nur eine urgemütliche Kneipe, sondern auch überaus wichtig für die Fortbildung! Evi, die damals noch selber zur See fuhr, ist heute die herzliche Gastgeberin in einer der ältesten Seemannskneipen Hamburgs.

*Rezept:*
*Tatar Fulminant*
*Seite 100*

## Endstation Hamburg Hauptbahnhof,
## GLEIS 14.

Das Ganze begann mit einer verpassten Anheuer in Rotterdam, weswegen Hanna nach Hamburg zurückfahren musste. An einem Freitagabend war er, noch einigermaßen wohlgemut, wieder da. Im Büro seiner Reederei war jedoch niemand mehr. Damit saß der heimgekehrte Seemann auf dem Hauptbahnhof fest, genauer gesagt: an Gleis 14. Dort verbrachte er dann das Wochenende, von Freitagabend bis Montagfrüh!
Zu allem Überfluss förderte das Durchwühlen seiner Taschen nur ganze 60 Pfennige zutage, und die reichten gerade eben für eine Packung Leibniz Butterkeks. Wenigstens waren damals die Toiletten noch gratis! Inzwischen hat sich Hanna Saliba jedoch wieder ausgesöhnt mit dem Hauptbahnhof. Speziell mit dem Gleis 14 *(siehe Seite 35)*.

# BLAULICHT!

Lichtkünstler Michael Batz ist ein Meister im Umgang mit dem blauen Licht, das stets sanft, allumfassend und magisch strahlt. Den Hamburgern ist er bestens bekannt durch seine Blaulichtausleuchtung des Hamburger Hafens, eine märchenhafte Lichtstimmung, deren Faszination ihresgleichen sucht!

Mit Hanna Saliba verbindet den Künstler eine lange Freundschaft, von Syrien bis nach Hamburg.

Auf einer gemeinsamen Reise durch Syrien drehte Michael Batz den viel beachteten Film „Die Prophe- ten". Gemeinsam planten sie die Ausleuchtung der Monumente von Palmyra, die leider nicht realisiert werden konnte.

Als künstlerischer Leiter der HafenKulturTage inszenierte er allsommerlich den „Hamburger Jedermann" in der Speicherstadt. Die Magie dieses Ortes inspirierte ihn zu seinem 2018 erschienenen Buch „Speicherstadt Story". Zwei Meister ihres Fachs: welch einmalige Freundschaft!

## Wenn ein syrischer Patron von italienischen NUDELN schwärmt ...

... dann hat das einen guten Grund: zum Beispiel das „Trastevere Uno"! Dieser Gourmettreff in der Nachbarschaft des Abaton gehört Constanzo, einem von Hannas ältesten Freunden. Und bei ihm, dem Feinschmeckerkönig der Bornstraße, entstand seine Liebe zu dieser köstlich-kräftigen Eierteigfamilie. „Constanzo kochte unglaublich gut. Bei ihm habe ich zum ersten Mal gelernt, wie man Pasta richtig fertigt und zubereitet", sagt Hanna. „Ein besserer Lehrmeister lässt sich nicht vorstellen!"
Nach dem Großmarktbesuch trafen sich Hanna und Constanzo beim Cappuccino zum Fachsimpeln über die gemeinsamen Wurzeln der syrischen und italienischen Küche.

*Rezept:*
*Mankoushe –*
*syrische Za'atar-Kräuter-*
*Gewürz-Pizzen*
*Seite 102*

Durch den Rundbogen der Schiffszimmerer-Gesellschaft führt der Weg zur nächsten **HEUER.** Und zugleich dorthin, wo man sie gern ausgibt!

Denn dahinter, in der Admiralitätsstraße, liegt eine der wichtigsten Dienststellen für alle, die auf große Fahrt gehen: die Heuerstelle, sozusagen das Arbeitsamt für Seeleute. Hier bekommt jeder, vom Matrosen bis zum Kapitän, per Heuerschein die Erlaubnis, z.B. auf große Fahrt zu gehen (Fahrtdauer mindestens sechs Monate).

In der Gegenrichtung gelangt man später zum nächtlichen Kiez und seinen vielen Entspannung versprechenden Etablissements. So auch die „Washington Bar", wo sich die Heuer trefflich in Bier und geistige Getränke verwandeln lässt. Hanna weiß heute nicht mehr genau, wie oft er in der Bar und bei den Nachbarn angeheuert hat. Aber eines weiß er ganz sicher: Hier möchte er auch heute noch gern vor Anker gehen!

## Das Seemannsheim. Ein Zuhause für Seeleute aus aller Welt. Ein **RUHENDER POL** für alle Matrosen auf großer Fahrt.

Das Seemannsheim der Deutschen Seemannsmission in Hamburg. Ein Zuhause in der Ferne, das viel mehr ist als nur „ein Dach über dem Kopf". Hier, im Schutze des Hamburger Michel, arbeiten Menschen, die den Seeleuten mit Rat und Tat zur Seite stehen, die bei Behördengängen helfen und bei der Suche nach neuer Arbeit behilflich sind. Sie betreuen Kranke und leisten psychosoziale Arbeit und Seelsorge. Oft sind die Seeleute weit weg von der Familie, deshalb haben die Mitarbeiter immer ein offenes Ohr für die Betroffenen und wenden viel Zeit für menschliche Betreuung auf. Hier war auch Hanna Saliba bis Ende 1976 regelmäßig zwischen den großen Fahrten „zu Hause": „Es war eine wunderbare Zeit, denn vom Seemannsheim aus konnte ich Hamburg schon damals besser erkunden und kennenlernen. Die freundlichen, hilfsbereiten Menschen dort sind mir in bester Erinnerung geblieben!"

*Rezept:*
*Spiegeleier mit Datteln*
*Seite 104*

## Das Duckstein FLEETINSEL-FESTIVAL: jede Menge Gelegenheiten, den Gästen nicht nur beim Servieren näherzukommen!

Die Nähe zu den Gästen, ein Gespräch mit ihnen zu führen und ihr Interesse für die Kultur syrischer Speisen zu wecken gehörte schon immer zu Hanna Salibas gastronomischer Philosophie. „Beim Fleetinsel-Festival konnte ich an vielen unterschiedlichen Outdoorevents teilhaben. Also lud ich die Gäste im Rahmen der Veranstaltungen in ein Speisezelt ein, das meine Küche beherbergte. Dort konnte jedermann zuschauen, wie typisch syrische Gerichte gezaubert werden und welch köstliche Zutaten und Gewürze dabei Verwendung finden. Das bedeutete: Freude am Essen und Gesprächsstoff ohne Ende! Und es zeigt, wie wichtig es ist, auf die Gäste zuzugehen und nicht passiv zu warten, bis vielleicht mal eine Frage kommt." Hannas Erfolge geben ihm recht!

Das **PORTAL** eines alten Waisenhauses, das auch schon mal ein Rathaus war, eingebaut in den Neubau eines modernen Arbeitsamtes.

Hanna Saliba ist jedes Mal von Neuem beeindruckt, wenn er unweit der Heuerstelle auf das Portal mit der gigantischen Bronze trifft. Es gehörte ursprünglich dem alten Waisenhaus, das der Architekt Johannes Kopp in den Jahren 1781 bis 1785 erbaut hat und das nach dem großen Brand von 1842 als Rathaus genutzt wurde. 1942 ist das Haus im Krieg zerstört worden, nur das Portal blieb erhalten und wurde 1950 in den Neubau des Arbeitsamtes eingefügt: Vergangenes und Gegenwärtiges auf beeindruckende Weise verbunden und kommenden Generationen zum Bewusstsein gebracht.

„Auch das", sagt Hanna Saliba, „hat mich an Hamburg immer wieder begeistert: Es gibt überall hochinteressante historische Gebäude und Hinweise auf die hanseatische Geschichte."

## ROTER MANGOLD?

### Wo gibt's denn so was. Fragen Sie doch Musa!

Wenn die Rede auf seinen langjährigen Freund, den Obst- und Gemüsehändler Musa, kommt, gerät der qualitätsgewohnte Hanna Saliba ins Schwärmen. „Musa weiß einfach alles. Er ist nicht nur außergewöhnlich gut sortiert, er kennt auch Saison und Reifezeiten seiner Vitaminbomben ganz genau." Nicht von ungefähr ist Musas kleines Reich an der Ecke Eppendorfer Weg/Osterstraße ein beliebtes Einkaufsziel, wo man oft auch Nachbarn und Freunde trifft. Keine exotische Frucht, kein ausgefallenes Gemüse, das Musa nicht kennt und zu dem er jedermann gut berät. Auch als „Lieferant vollreifer Ideen" ist er unübertroffen: Selbst einen Profi wie Hanna kann er gelegentlich mit Neuem überraschen. Und wie war das noch mit dem roten Mangold? Fragen Sie ihn doch selbst, wenn Sie mal vorbeikommen!

*Rezept:*
*Gefüllte Mangoldblätter*
*Seite 106*

## Wussten Sie das? Der Koch ist KAPITÄN!

Hier, an der Fachhochschule, Fachbereich Seefahrt, Rainvilleterrasse 4, hat Hanna mit Freund Jacques von 1974 bis 1978 studiert. Die genaue Berufsbezeichnung: „Schiffsingenieur für Seeverkehr". Das angestrebte Ziel: das Patent mit dem Titel „Kapitän auf großer Fahrt" (A6).
Bis zum Jahr 2005 hat die Fachhochschule viele Offiziere und Kapitäne hervorgebracht. In dem denkmalgeschützten Gebäude von 1935, einem typischen Beispiel für das „Neue Bauen" der Weimarer Republik, konnten die zukünftigen Seefahrer ihr Studium als Nautiker absolvieren – sowohl für die kleine, mittlere und große Fahrt.

Hanna hat dieses Studium so erfolgreich gemanagt wie später die Welt seiner Speisen und Gewürze. Gewissermaßen als ein „Kapitän der großen Küche und feinen Art"!

## Das ERSTE repräsentative BÜRO im Afrikahaus!

Als sich die Gebrüder Saliba entschlossen, der Verwaltung ihres Hamburger Imperiums einen angemessenen Rahmen zu geben, hatten sie bereits vier Restaurants eröffnet: „Das Saliba Osterstraße" und „Steinstraße", das „Saliba Alsterarkaden" und das „Saliba im Völkerkundemuseum".
Beas und Hannas Liebe zu Afrika bestimmte die Wahl des zukünftigen Sitzes: das Afrikahaus in der Großen Reichenstraße. Es liegt im Herzen der Innenstadt zwischen der Einkaufsmeile Mönckebergstraße, dem Rathaus und der Speicherstadt. Das Afrikahaus wurde 1899 als Kontorhaus für das Handelsunternehmen C. Woermann von dem Architekten Martin Haller errichtet, seit 1972 steht es unter Denkmalschutz. In den 90er-Jahren von Grund auf restauriert, wurde es im Februar 1999 neu eröffnet. Für die Saliba Verwaltung das erste repräsentative Zuhause!

## Felix Jud, Institution für **LITERATUR** und **KUNST** in der Mellin Passage.

Der Hamburger Karl Lagerfeld bezeichnete die Felix Jud Buch- und Kunsthandlung einst als sein „intellektuelles Delikatessengeschäft". Mitinhaber Wilfried Weber war einer der besten Freunde und Förderer Hanna Salibas und hat diesem zu einem der wichtigsten Schritte in der Entwicklung der Saliba Gastronomie verholfen: Er ebnete den Weg, der in Hannas Restaurant „Saliba Alsterarkaden" führt. Die Räumlichkeiten gehörten ursprünglich der ältesten vegetarischen Gaststätte Deutschlands, die durch einen Brand fast vollständig vernichtet wurde – mit seinem Restaurant setzte Hanna die Tradition fort.

Wilfried Weber kam beinahe täglich zum Mittagessen ins „Saliba Alsterarkaden", wobei er sich stets drei aktuelle Tageszeitungen unter den Arm geklemmt hatte. Der anregende Gedankenaustausch, der sich in solchen Momenten oft entwickelte, war auch für Hanna sehr erfrischend.

## Was **SCHNELL** geht, kann auch **LANGE** halten.

November 1973. Auf dem Bahnsteig des U-Bahn-hofs Hoheluftbrücke pfiff ein eisiger Wind. Doch als Hanna hier Bea zum ersten Mal küsste, war die Kälte wie weggeblasen. „Zu mir oder zu dir?", war nicht die Frage, denn das Seemannsheim war wohl nicht der richtige Ort für den Beginn einer wunder-baren Liebe. Er konnte Bea davon „überzeugen", dass sie für ihren damaligen Freund zu schade sei, und dann ging alles sehr schnell: Verlobung im April 1974, denn Bea wollte mit Hanna zu ihren Eltern nach Amsterdam fahren. Dort getrennt zu schlafen kam nicht infrage, und so wurden vis-a-vis des Hauptbahnhofs bei Horten die Verlobungsringe besorgt – kurz vor der Abfahrt von Gleis 14. Zwei Jahre später, am 16. Juli 1976, heirateten sie dann, und die Ringe für unglaubliche 99 Mark halten immer noch – bis zu Beas Abschied im September 2019 (†).

## Das „Abaton", Restaurant und Kino, war immer schon PROGRAMM.

Das „Abaton" war ein beliebter Treffpunkt für viele Studenten der Universität Hamburg, so auch für Hanna Saliba. Speziell nach den Sitzungen des allgemeinen Studentenausschusses (AStA), dem später auch Hanna angehörte, wurde gemeinsam bei Bier und Wein heiß diskutiert, vor allem über politische Themen. So gingen die Studenten denn auch 1973 aktiv auf die Straße, um während des Putsches in Chile für Salvador Allende zu demonstrieren.

Im „Abaton" gab es zudem ganz besondere Filme, die sich wohltuend von den üblichen Hollywoodschinken unterschieden und die zum Teil eng auf studentische Themen zugeschnitten waren. Ein Programmkino für politisch engagierte Cineasten!

## Die **TALMUD TORA REALSCHULE** ist eine der ältesten jüdischen Bildungseinrichtungen in Hamburg.

Sie beherbergte früher den Fachbereich Bibliothekswesen und zugleich das Büro des AStA, an das sich Hanna Saliba gern erinnert. Hier hielt die studentische Führung ihre Sitzungen ab, hier wurden Entscheidungen zur Hochschulpolitik herbeigeführt, es wurde debattiert und diskutiert.

1805 gegründet, zog die Schule 1911 in das neue Gebäude am Grindelhof 30 ein. In diesen Stadtteil verlagerte sich auch das Zentrum des jüdischen Lebens in Hamburg. Ermöglicht wurde der Neubau durch die großzügige Stiftung des Bankiers Moritz M. Warburg und weiterer Gemeindemitglieder. Das Gebäude wurde in den Jahren 1909 bis 1911 von Regierungsbaumeister Ernst Friedhelm errichtet und am 20. Dezember 1911 feierlich eingeweiht. Fürwahr – ein würdiger Ort und ein passendes Domizil für das Büro des AStA!

## Das Museum für Völkerkunde:
## HEIRATEN unterm Einbaum!

Sowohl das Gebäude selbst als auch seine Räumlichkeiten und die Ausstattung des heutigen MARKK sind etwas ganz Besonderes. Die Darstellung ethnologischer Vielfalt, zahlreiche Ausstellungen und Sonderschauen machen das Museum zu einem gern besuchten Mittelpunkt der Hamburger Kulturlandschaft. Ganze Schulklassen durchwandern diese ebenso spannende wie informative Welt der Völker. Doch das Museum hatte auch noch andere Attraktionen: als idealer Ort, um zu speisen und zu feiern! Bestes Beispiel ist Hanna Salibas Restaurant, das er hier fünf Jahre lang erfolgreich geführt hat und in dem viele rauschende Feste gefeiert wurden.
Seit dieser Zeit verbindet ihn eine enge Freundschaft mit dem ehemaligen Museumsdirektor, Professor Wulf Köpke.

*Rezept:*
*Knafe*
*Seite 108*

## Das Curio-Haus, ein klassisch hanseatischer
## VERSAMMLUNGSORT.

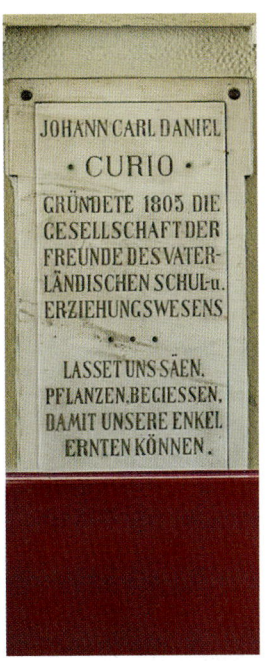

Der ideale Platz für eine Eventlocation! Genau
das hatte Hanna Saliba im Sinn, als er es als Gesell-
schafter übernahm. Hier konnte man nach Herzens-
lust feiern und genießen. Er verhalf damit dem
Klassiker ein ums andere Mal zu neuem Glanz.
Die Kulturlocation Curio-Haus wurde bereits 1911
errichtet und zählt zu Hamburgs schönsten und
aufwendig ausgestatteten Bauwerken. Heute ist es
Eigentum und Sitz der Gewerkschaft Erziehung
und Wissenschaft.
Früher zogen sich die Bälle oft über Tage hin. Besonders die „Hamburger Künstlerfeste" erlangten mit
ihrem kulturellen Programm einen legendären Ruf.
Noch heute ist das Curio-Haus etwas Besonderes!

## MÄNNERMODE zwischen Schlachthof und Messehallen.

Wolfgang Stach war Inhaber des einzigen Männer-Secondhandladens im Karoviertel, dem „Sacco". Er hat Hanna Saliba mit allem ausstaffiert, was ein gut gekleideter Restaurantchef unbedingt braucht, um so attraktiv wie möglich vor seinen Gästen zu stehen. Hanna hat nahezu alle seine Anzüge dort gekauft. Im Laufe der Zeit wurden beide die besten Freunde, und sie sind es bis heute geblieben! Damals wie heute ist die Marktstraße mit ihren kleinen Boutiquen, Cafés und Bars ein Magnet für Hamburger und Touristen auf der Suche nach etwas Besonderem – so wie für Hanna vor 44 Jahren.

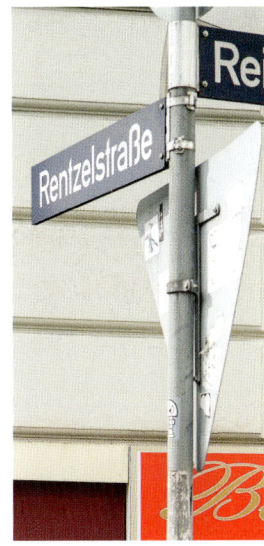

## Eine sehr spezielle Frage: Wo bekommt man eigentlich LAMMHODEN?

Gar keine Frage: im „A'Shamra" natürlich! Das erste eigene Restaurant von Hanna Saliba wurde bereits nach kürzester Zeit zum Mekka für Hamburger Feinschmecker – so etwas kannten sie noch nicht. Tag für Tag stand der Chef selbst am Herd, und aus seiner Küche wehte ein Hauch von Tausendundeiner Nacht durch die Hansestadt. Alle Wohlgerüche Arabiens dufteten aus Töpfen und Pfannen, und an den Speisen, die auch mal aus Innereien bestehen durften, gaben sich Koriander, Safran und Zimt ein köstliches Stelldichein. Hinzu kam Hannas unvergleichliches Gespür für Gastfreundschaft. Das blieb natürlich auch der Prominenz aus Politik, Kultur und Medien nicht verborgen, und das „A'Shamra" entwickelte sich langsam, aber sicher zum Stadtgespräch. „Einen besseren Einstieg in die Selbstständigkeit", so sagt Hanna Saliba heute, „hätte ich mir nicht erhoffen können."

*Rezept:*
*Lammhoden*
*Seite 110*

# Schwein gehabt in der FETTSTRASSE.

Hier fanden Hanna und Bea ein Zuhause in ihrer ersten gemeinsamen Wohnung. In Wohngemeinschaft mit Thomas, Ulrike und Mareike begann eine glückliche Zeit für ihn und seine junge Frau, mit der er bereits seit 1976 verheiratet war. Die Wanderschaft zwischen ihren getrennten Wohnungen war zu Ende! Jeder kochte einmal die Woche. Vor allem Hanna konnte jetzt befreit loslegen und eine raffinierte syrische Küche entwickeln.

Das benachbarte Restaurant „Bistrot Vienna" und das „Loretta" mit seiner quirligen Atmosphäre, die ganz dem Zeitgeist entsprachen, motivierten ihn, vielleicht auch selbst mal ein Szenelokal einzurichten. (Viele dieser Inspirationen haben später auch den Weg in seine Restaurants gefunden.) Gemeinsam wohnen, gemeinsam planen – eine glückliche Zeit für beide!

*Rezept:*
*Meeräsche mit Tahinasauce*
*Seite 112*

## Mit Volldampf über den Tellerrand.
## Die **LOTSEN** sind immer an Bord.

Hanna Saliba fährt sein gastronomisches Schiff seit 1985 mit voller Kraft voraus. Es sind zeitweise elf Restaurants, die er gleichzeitig betreibt. Schon zu Beginn dieser atemberaubenden Entwicklung sucht er jemanden, der seine Philosophie von Gastfreundschaft und arabischer Kultur versteht, sie in Form und Sprache für seine Gäste übersetzen kann. Er findet Gabriele und Roger, beide sind Designer, leidenschaftliche Wortjongleure und führen das Studio SIGN in Hamburg. Zusammen mit Hanna entwickeln sie die „Saliba Sprache". Charmant, mit einem Augenzwinkern und visuell unverwechselbar. In Hamburgs „schönstem Meetingraum" (man beachte die Saliba Leuchte an der Decke) konnte der Sturm schon Orkanstärke erreichen. Gegenseitiges Vertrauen, Sensibilität und freundschaftliche Verbundenheit führten dennoch immer wieder in ruhigere Gewässer und helfen dabei, den erfolgreichen Kurs zu halten.

# Der **STOLZ** ihrer Eltern.

Sohn Ilyas wurde am 6.1.1986 geboren, Tochter
Hilaneh kam knapp fünf Jahre später am 29.11.1990,
wie auch ihr Bruder, in der damaligen Frauenklinik
Johnsallee zur Welt. Auch wenn Hanna sich manchmal gewünscht hat, eines seiner Kinder möge sein
gastronomisches Werk weiterführen, gingen beide
doch – mit Unterstützung der Eltern – ihren ganz
eigenen Weg. Am Emilie-Wüstenfeld-Gymnasium
konnten sie am erfolgreichen Modell des szenischen
Lernens teilnehmen, was äußerst fruchtbar für die
Entwicklung ihres Selbstvertrauens war. Ihre Klassen
formten sich zu verschworenen Gemeinschaften,
geprägt von Freundschaft und sozialer Verantwor-
tung. Ganz nebenbei hatte das Lernen im Stadtteil
Eimsbüttel den Vorteil, dass man nach Schulschluss
(nicht ohne Stolz) mit ganzen Horden an Schul-
kameraden in eines von Papas Restaurants einfallen
konnte.
Heute lebt Ilyas als Politikwissenschaftler in Berlin,
Hilaneh führte ihre Liebe für die Sprachen nach
Boston, USA.

*Rezept:*
*Tawaia – Hackbraten*
*mit Pistazien*
*Seite 114*

## Wie aus **NACHBARN** Freunde werden.

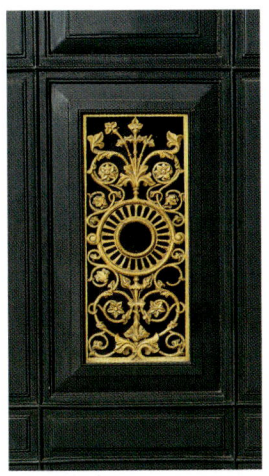

Ganz einfach: Kleide den Nachbarn in feines englisches Tuch, und serviere ihm köstliche syrische Speisen.

Wenn man, wie Hanna, ein englisches Kleidermagazin wie „Ladage & Oelke" in seiner engsten Nachbarschaft hat, bleibt es nicht aus, dass man einen Blick auf Tweedsakkos, Knickerbocker und Dufflecoats werfen möchte – und auf die Menschen, die dahinterstehen. In diesem Fall waren das Elke und Heinrich Franck, die vierte Generation des seit 1845 inhabergeführten Familienunternehmens. Schon bald wusste Hanna die exzellente Stilberatung der beiden zu schätzen und liebte es, in diesem Schmuckstück eines historischen Ladengeschäfts nach Ausgefallenem zu stöbern. Umgekehrt ergab sich der eine oder andere Restaurantbesuch von Elke und Heinrich im Saliba. Nicht umsonst werden Hamburger Kaufleute „Pfeffersäcke" genannt – sie haben einen Hang zu exotischen Gewürzen. Im Laufe dieser gegenseitigen Besuche stellte man fest, dass man sich sympathisch ist – man vertraute sich Persönliches an. So entsteht Freundschaft.

## Das Bucerius Kunst Forum.
## Kulturgenuss für alle SINNE.

In direkter Nachbarschaft zum „Saliba Alsterarkaden" befindet sich das Bucerius Kunst Forum. Das internationale Ausstellungshaus beherbergt keine ständige Sammlung, vielmehr zeigt es jährlich vier Ausstellungen mit fokussierten Konzepten, die ein einzelnes, eingegrenztes Thema behandeln oder einen Künstler und seine Werke in einem bestimmten Zusammenhang darstellen. Hier versammeln sich in begrenzten Zeiträumen Leihgaben aus den größten Museen und Sammlungen der Welt, vermeintlich Gesehenes erscheint in neuem Licht.

Hanna war schon bei der Entstehung im Jahr 2002 dabei, man hatte ihm angeboten, das Café im Bucerius Kunst Forum zu betreiben. Besondere Freude und Herausforderung waren für Hanna und sein Team die gastronomische Begleitung der Vernissagen, die mit dem jeweiligen Ausstellungskonzept abgestimmt wurde. So servierten sie beispielsweise zu Pompejis Wandmalereien altrömische Speisen und ließen die Sinne Geruch und Geschmack am Kulturgenuss teilhaben.

## Eimsbüttel, OSTERSTRASSE 10.
## Ein Stern geht auf: Hanna Saliba bekommt endlich sein erstes, ganz eigenes Restaurant!

Ein neuer Stern lockt die Feinschmecker mit 1001 Lichtern. Und so außergewöhnlich wie die stilvollen Deckenleuchten ist auch das, was sie ins rechte Licht rücken: alle Herrlichkeit der köstlichen syrischen Küche!

Zwar gab es vorher schon das „A'Shamra", aber erst jetzt ist Hanna wirklich Alleinherrscher über sein gastronomisches Reich, er allein entscheidet über Ambiente und kulinarische Stilrichtung des Hauses. Und Hamburgs Feinschmecker danken es ihm mit einer Vielzahl von Gästen, die immer öfter zu Stammgästen werden.

„Kaum eines meiner späteren Restaurants ist mir so sehr ans Herz gewachsen," sagt Hanna Saliba heute. „Es war ein schöner, ein großartiger Start."

*Rezept:*
*Entenbrust auf*
*Granatapfelsauce*
*Seite 116*

## Palast der 1000 LICHTER: das „Saliba Leverkusenstraße".

Die Ankündigung des Umzugs aus der Osterstraße war der neuen Location angemessen: „Der Sultan wechselt den Palast!" Das neue Restaurant bot etwas ganz Neues und einmalig Schönes: ein Gesamt-konzept von Ambiente, Küche und Service. Aus der Zusammenarbeit Hannas mit der Architektin Carmen Muñoz de Frank entstand ein gastrono-misches Meisterstück, in dem die Hamburger eine neue Welt kennen und lieben lernten. Stolz führten sie ihre Gäste in die prachtvoll gestalteten Räume, genossen die Offenheit des Hauses und die syrische Gastfreundschaft. Daran änderte auch die (etwas problematische) Lage in einem ehemaligen Kraft-werk der Deutschen Reichsbahn nichts.
Die Gäste waren einfach begeistert, wenn sie das Restaurant betraten! Und sie waren traurig, als sich später seine prächtigen Pforten wieder schlossen: Hanna, der Hamburger und Syrer, wollte in seine ursprüngliche Heimat zurückkehren. Der Krieg hat diese Heimkehr leider verhindert.

*Rezept:*
*Lammlachs auf*
*Schafskäsesauce*
*Seite 118*

Wenn der Hamburger Hafen das Tor zur Welt ist, dann liegt das **PULSIERENDE HERZ** zwischen Stintfang und Landungsbrücken.

Denn dort sind die kleinen und großen Barkassen, Fähren und Rundfahrtboote zu Hause, die dem Hamburg-Besucher alles erschließen – vom Hafen selbst bis zu den Elbvororten und den reetgedeckten Obstbauernhöfen im Alten Land. Für die Seeleute ist es der Ort, wo ihnen der Salzduft des Meeres in die Nase weht und wo das Tuten der Schiffssirenen und das Rasseln der Ankerketten von der nächsten großen Fahrt erzählen. Dann werden sie unruhig und spüren, dass es Zeit wird, den bequemen Ankerplatz im Seemannsheim oder am Kneipentresen gegen den unruhigen Platz auf einem stampfenden Schiff einzutauschen. Hanna kennt dieses aufregende Gefühl: „Da hält dich nichts an Land. Da musst du mit, wenn das Schiff in See sticht, und erst draußen bist du wieder ganz glücklich!"

Κουζίνα

PREISLISTE   Griechische Wein-Spezialitäten und Metaxa-spezialitäten

GYROS mit Tzatziki und Krautsalat und Brot                                          9,00 €
GYROS mit Tzatziki und Tomaten Salat und Brot                                      10,00 €
TASSOS TELLER   Griechischer Bauern Salat mit Tomaten, Gurke, Paprika und Bauernbrot und Brot                7,00
VORSPEISENPLATTE   Feta, Tzatziki, Taramozaunen, Dolmadakia und Brot          9,00 €
FETA PSITI   gegrillte, mit Tomaten, Zwiebeln, Paprika und Brot                         9,00 €
SPEZIALITÄT DES HAUSES
MOUSSAKA A LA MITSOS   Auberginen, Zucchinis, Kartoffeln, Hack, Auflauf, Salat, Tzatziki und Brot          9,00 €
SOUVLAKI   zwei Fleischspieße mit Balkan Salat, Tzatziki und Brot                  8,00 €
DREI ZARTE LAMMKOTELETT   mit Balkan Salat und Brot, Tzatziki                   10,00 €
SCHWEINEKOTELETT   mit Balkansalat, Tzatziki und Brot                              7,00 €
SCHWEINESCHNITZEL   mit Balkansalat, Tzatziki und Brot                            8,00 €
BIFTEKI   mit Balkan Salat, Tzatziki und Brot                                            8,00 €
ZWEI KNOBLAUCHWÜRSTE   mit Balkan Salat und Brot                                12,00 €
KALBSKOTELETT   mit Balkan Salat, Tzatziki und Brot

In Hamburg hat jedermann „seinen"
**GRIECHEN.** Die St. Paulianer finden
ihren in der Davidstraße. Er ist ein Klassiker
und heißt „Hellas".

Jeder kennt ihn, und für viele ist er so eine Art
„zweites Wohnzimmer". Vor allem für Nachtbummler,
die hier auch noch um 2 Uhr morgens mit leckerem
Bifteki und Tsatsiki rechnen dürfen! In den 70er-
Jahren, als das kleine Lokal eher ein Imbiss mit
Tresen war, fand sich auch Hanna mit schöner
Regelmäßigkeit an den Stehtischen ein. „Wo sonst
als beim Lieblingsgriechen werden auch zu nacht-
schlafender Zeit Hunger und Durst so freundlich
und unkompliziert gestillt?", begeistert sich Hanna
Saliba. Er muss es wissen, denn nach den diversen
Runden am Hans-Albers-Platz schmeckte es damals
beim Griechen besonders gut und lecker. Seither ist
Hanna Salibas Lebenswandel wesentlich ruhiger
geworden. Aber zu seinem Griechen geht er immer
noch sehr gern – auf der Reeperbahn nachts um
halb 2!

*Rezept:*
*Lammleberspießchen*
*Seite 120*

## Von Freddy besungen, von Kiezgrößen und Promis geliebt, Hannas ZUHAUSE von 21 bis 4 Uhr: die WASHINGTON BAR!

Er war dort schon seit 40 Jahren nicht mehr Gast, trotzdem gerät Hanna Saliba ins Schwärmen, wenn er von der „Washington Bar" spricht: „Dort gab's die nettesten Mädels und das frischeste und schnellste Bier: fix gezapft und in zehn Minuten getrunken. Denn dann kam – unaufgefordert – bereits das nächste, frisch gefüllte Glas! In der „Washington Bar" hab ich das Bier trinken erst richtig gelernt." Übrigens: Damals gab's die „Washington Bar" gleich drei- oder viermal. Doch gleich war nur der Name. Die echte Bar gibt es auch heute noch, und sie ist so kultig und partyfreudig wie eh und je. Freddy startete dort seine Karriere. Und was Hanna anbetrifft: Er hat sich fest vorgenommen, wieder mal reinzuschauen auf ein schnelles Bier!

## Wenn Hanna Saliba von „Da Nico" erzählt, spürt man den Duft von frischem ESPRESSO und leckeren PANINI.

Hanna und Nico kennen sich seit Jahren. Für viele ist Nico „mein Italiener gleich nebenan". Für Hanna ist er seit langer Zeit die liebste Anlaufstelle für einen kräftigen Morgenkaffee. Wie Hanna schmunzelnd sagt, „meist nach einer feuchtfröhlichen Nacht". Wenn man seine Nachbarn treffen möchte: Sie sind hier, bei Nico. Vom frühstückenden Studenten bis zum „Bild" lesenden Rentner, von der Mama mit Kinderwagen bis zum HSV- oder St. Pauli-Fan. (Von beiden erfährt man einfach alles darüber, warum das letzte Spiel so danebenging.) Für Hanna ist Nico nicht nur das kleine Café zum Wohlfühlen oder der Italiener, der auch Mittagstisch hat. „Nico ist für mich ganz einfach mein bester Nachbar."

*Rezept:*
*Panini Oriental*
*Seite 122*

## DIE HERBERTSTRASSE.
### Ware Liebe am Rande der Reeperbahn.

Die Häuser der 60 Meter langen Straße beherbergen seit dem Ende des 19. Jahrhunderts ca. 250 Frauen des horizontalen Gewerbes. „Sagen Sie … äh … wo finde ich denn …?" Bei dieser Frage überzieht meist verlegene Röte die Gesichter – die gleiche wie die an der Sperrwand eingangs der Lustmeile. Freunde und Bekannte von Hanna Saliba haben's da leichter: Er weiß, wo man sie findet. Er führt die Herren hin und begleitet sie sogar beim anschließenden Spießrutenlauf.

Damen haben hier strengstes Durchgangsverbot. Sie fühlen sich nebenan beim Italiener „Cuneo" auch viel wohler. Denn während sich die Herren nur sattsehen, speisen sie bereits richtig: leckere Ravioli mit Salbeibutter.

*Rezept:*
*Muhammara*
*Seite 124*

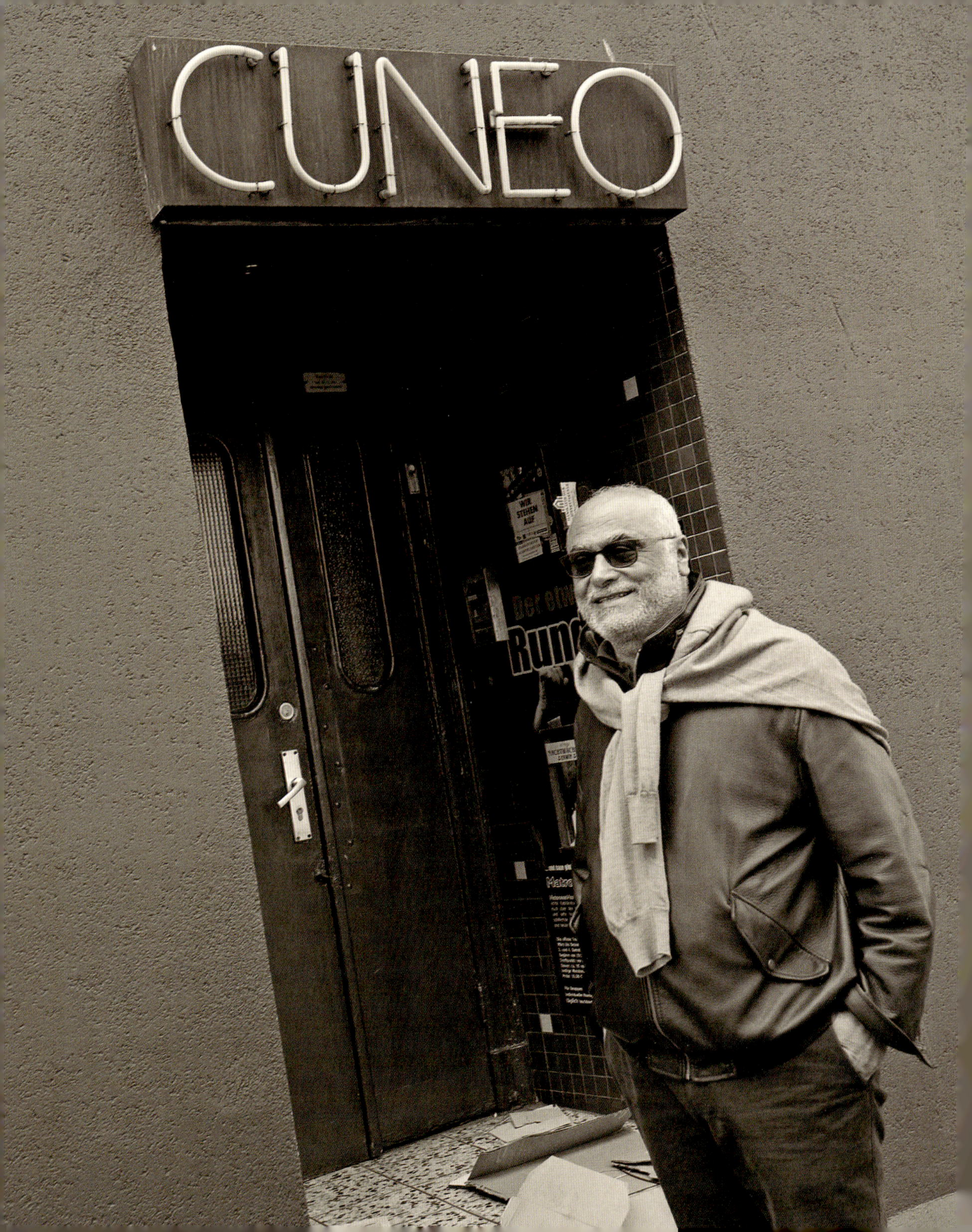
CUNEO
WIR STEHEN AUF

Das **CUNEO** ist Hamburgs erster Italiener. Hier verstärkte sich Hannas **SEHNSUCHT** nach dem eigenen Restaurant.

Bereits im Mai 1905 eröffnete der Italiener Francesco Antonio Cuneo in der Davidstraße 11 jenes Restaurant, das unter seinem Namen zur Legende wurde. Erste Gäste waren damals vor allem Gastarbeiter, die beim Bau des alten Elbtunnels mithalfen. Doch im Laufe der Jahre entdeckten auch immer mehr Hamburger das kulinarische Kleinod und erweisen ihm bis zum heutigen Tag begeistert ihre Referenz.

Auch Hanna Saliba führt gern Familie, Freunde und Bekannte in das gemütliche Lokal, dessen Wände mit Fotos und Kunstwerken prominenter Gäste geschmückt sind. Den Kindern gefällt hier der kleine, dicke Kater immer am besten, dem es im „Cuneo" ganz offensichtlich gut geht!

Hans Albers machte das Lied „La Paloma"
berühmt. Die gleichnamige **KNEIPE** ist ein
beliebter Treffpunkt am gleichnamigen **PLATZ.**

„La Paloma, die weiße Taube", ist eigentlich gar
nicht weiß, sondern schön bunt. Ursprünglich 1984
von Maler Jörg Immendorff als Künstlerkneipe
eröffnet und mit Kunstwerken von Joseph Beuys,
Georg Baselitz und Julian Schnabel ausgeschmückt,
ist sie nach der Neueröffnung zum heißen Kneipen-
club avanciert. Ein Muss für alle Kiezbesucher und
Partylöwen!
Ein Muss war sie auch für den Seelöwen Hanna
Saliba, der hier und in den anderen Kneipen rund
um den Hans-Albers-Platz im Sturmgebraus des
Nachtlebens und dem Zischen der Zapfhähne „volle
Fahrt voraus" anordnete.
„Das war eine verrückte Zeit," erinnert sich der
Seemann und Biertrinker. „Da wurde manchmal
sogar auf den Fensterbrettern getanzt!" (Für den
Morgen danach gab es ja Gott sei dank noch „Da
Nico", wie wir wissen.)

**BNITM.** Eine Örtlichkeit in Hamburg, auf die Hanna Saliba gern verzichtet hätte. Obwohl sie ihm doch sehr geholfen hat.

Diese Buchstabenkombination steht abkürzend für „Bernhard-Nocht-Institut für Tropenmedizin", deren Träger das Universitätsklinikum Hamburg Eppendorf ist. Eine Einrichtung, die weltweit besten Ruf genießt und zu den führenden Spezialisten im Bereich tropischer Erkrankungen zählt.

Bereits von außen bietet der Häuserkomplex ein beeindruckendes Bild. Hanna Saliba kennt die Klinik zu seinem Leidwesen auch von innen. Hier wurde er für sechs Wochen in Quarantäne gesteckt und streng isoliert, als er mit einem gefährlichen tropischen Infekt aus Damaskus zurückkam.

Ein scheinbar leckerer Falafel war ihm zum Verhängnis geworden. So unangenehm das damals auch war: Heute ist Hanna Saliba der Klinik und den Ärzten für ihre kompetente Hilfe sehr dankbar.

*Rezept:*
*Falafel*
*Seite 126*

## Hier liegt Hanna Salibas Handelsflotte
## VOR ANKER, im Maßstab 1:250.

Unter der Vielzahl maritimer Schätze, die das
Internationale Maritime Museum Hamburg zu
bieten hat, finden sich auch einige Schiffsmodelle
Hamburger Reedereien. Eines davon ist die
OSTFRIESLAND der Bugsier-, Reederei- und Bergungs-
gesellschaft. Bugsier – dieser Name steht vor allem
für PS-starke Schlepper, die dicke Pötte in den
Hafen oder Richtung Elbmündung ziehen. Die
Reederei besaß aber auch Frachtmotorschiffe, die
in den 1970er-Jahren um die ganze Welt fuhren.
Mit an Bord: Hanna Saliba. Von Hamburg, Bremer-
haven oder Rotterdam aus ging es mit Maschinen
im Laderaum an die Ostküste Amerikas oder nach
Südostasien. Indonesiens Reichtum an Gewürzen,
die als Fracht für Europa an Bord genommen wurden,
hatte Hanna schon damals stark beeindruckt.
Noch heute schwärmt er von der Schönheit dieser
Schiffe – im Maritimen Museum kann sich jeder
davon überzeugen.

Wenn die **EUROPA 2** Richtung Orient dampft, muss Hanna Saliba unbedingt mit an Bord sein. Sonst fallen nämlich die Kochkurse aus!

Auf der Reise ins Reich märchenhafter Gewürze und Wohlgerüche treffen sich Okzident und Orient: ein ideales Feld für alle Feinschmecker, die selbst einmal syrische Spezialitäten kochen wollen. Und Hanna Saliba ist mit seinen Kochkursen ein ebenso idealer Lehrer! Ganz klar also, dass er unbedingt mit an Bord sein muss, wenn die Reise losgeht. Doch Hanna hielt noch mehr bereit für seine Schüler, ein feines Dessert sozusagen: Er gab ihnen gute Tipps und Adressen, um Land und Leute seines Heimatlandes Syrien besser kennenzulernen, als dies noch möglich war. Wer sein Buch „Salibas Welt" kennt, weiß, wie viele wunderbare Menschen und Sehenswürdigkeiten es zu entdecken gibt. „Daran", versichert uns Hanna, „ist mir am allermeisten gelegen."

*Rezept:*
*Kamelgulasch*
*Seite 128*

## Das SALIBABA – hier gehen WÜNSCHE in die Füllung.

Ideen, wie er seinen syrischen Landsleuten in Zeiten des Bürgerkriegs helfen könnte, hatte Hanna viele. Von Charity-Aktionen über Ausstellungen syrischer Künstler bis hin zu Vorträgen und Konzertveranstaltungen organisierte er unzählige Events, die zum einen Geld einbrachten, zum anderen syrischen Flüchtlingen in „unserer heilen Welt" Gesicht und Stimme gaben. Ein besonders nachhaltiges und integratives Projekt ist das „Salibaba". Hier wurden syrische Flüchtlinge als Quereinsteiger nach einer Einarbeitungsphase zum Chef und leiten jetzt ihr eigenes Lokal. Das Motto des auf syrisches Street-food spezialisierten Bistros: *Dein Wunsch geht in die Füllung!* Die Wünsche der Gäste werden in Form von Falafel, Labaneh, Kebab, Hummus, Petersilienomelette ... in Pitabrote gewickelt.
Wirklich köstlich, aber vergleichsweise bescheiden, wenn man bedenkt, dass die neuen Betreiber mit dem „Salibaba" ihren Wunsch nach einer besseren Zukunft erfüllen konnten.

*Rezept:*
*Petersilienomelette*
*Seite 130*

## „Grill of Arabia" von Saliba –
## das Restaurant für die NACHBARN.

Dieses Restaurant war eigentlich ein Imbiss – wenn auch ein ziemlich edler. Hier gab es keine Zweiertische, hinter denen sich Pärchen verstecken konnten, sondern lange Tafeln und Bänke aus geräucherter Mooreiche, an denen die Eimsbüttler spontan und unkompliziert zusammenkamen. Und sie wurden günstig glücklich, denn hier gab es Salibas Schätze zu kleinen Preisen. Die Mazza, Lammwürstchen, syrische Grillspezialitäten ... zogen über die Tische, und man teilte miteinander.

Es blieb nicht aus, dass sich das auch im übrigen Hamburg herumsprach, und so hatten die Eimsbüttler immer öfter auch Altonaer, Eppendorfer oder Blankeneser als Tischnachbarn. Was niemanden weiter störte – die Bewohner dieses Stadtteils gelten, wie auch der Eimsbüttler Hanna Saliba, seit jeher als besonders tolerant und weltoffen.

*Rezept:*
*Hummus mit*
*Lammgeschnetzeltem*
*Seite 132*

## SALAM und MOIN MOIN in der Schanze.

Schon lange bevor das Schanzenviertel „hip" wurde, gab es das „Lokma". Der türkische Grill hat täglich bis zum frühen Morgen geöffnet und war Hannas Rückzugsort, wenn er nach einer langen Nacht im Saliba wieder zur Ruhe kommen wollte. Sobald er das Lokal betrat, ließ der Chef eine Lahmacun, eine türkische Pizza für ihn in den Lehmofen schieben. Selbstverständlich nicht vom Stapel der Vorgebackenen, sondern frisch zubereitet. Und weiter ging es mit Hannas Lieblingsspeisen, die nacheinander und unaufgefordert serviert wurden. Zum Abschluss noch einen Tee und ein Schwätzchen mit dem Chef, dann war die nötige Bettschwere erreicht.

Noch heute ist das „Lokmam" (mit der Renovierung kam ein „m" hinzu) Hannas absoluter Lieblingsgrill, in dem sich nicht nur die Bewohner des Viertels treffen, sondern auch Schanzenschwärmer aus allen Teilen der Stadt.

*Rezept:*
*Linsensuppe*
*Seite 134*

## Feine, kleine Insel syrischer Lebensart und Speisenkultur: das **MAZZA.**

Das „Mazza" liegt im Erdgeschoss des „YoHo – the Young Hotel". Und wie der Name des Restaurants schon sagt, serviert man hier ausschließlich Köstlichkeiten aus der berühmten Vorspeisenauswahl, die – in kleinen Schälchen serviert – wie ein Mosaik den Tisch bedecken. Kreiert werden sie von Chefkoch Abu Jazin, einem der treuesten Freunde Salibas, der bereits in der Steinstraße am Herd stand.

Hanna Saliba eröffnete das „Mazza" damals in dem ehemaligen Gebäude des Guttempler Ordens, einer Gründerzeitvilla aus dem Jahre 1904. Die Arbeiterwohlfahrt hatte das Haus mit Unterstützung der EU und des Arbeitsamtes gekauft, viele junge Leute aus unterschiedlichen Gewerken halfen beim Umbau, konnten hier eine Ausbildung und Abschlussprüfung machen. Das Alte und das Neue, modernes Design und traditionelle Architektur – hier gingen sie eine gute und nachhaltige Verbindung ein!

*Rezept:*
*Lammwürstchen*
*Seite 136*

## Flagge hissen im **HERZEN** der Stadt: Saliba an den Alsterarkaden.

Mehr Hamburg geht nicht. Und genau das ist der Grund, warum Hanna Saliba gerade hier ein Restaurant eröffnen wollte – zwischen Rathausplatz, Jungfernstieg und Neuem Wall. Er wollte „zu den Hamburgern" gehen: Flaneure, Geschäftsleute, Reisende, Einkaufsbummler, Abgeordnete auf dem Weg ins Rathaus, Triathleten vor dem Sprung in die Alster – jeder kommt hier mal vorbei.

Die Arkaden sind einzigartig. Der Architekt Alexis de Chateauneuf gestaltete sie nach dem Großen Brand 1842 in italienischem Stil. Hier zeigt sich die Weltoffenheit Hamburgs. Denn Hanna, ein Syrer, konnte hier seine „Flagge hissen" und das „Saliba Alsterarkaden" zu einem der spannendsten Restaurants der City machen. „Ahlan wasahlan" – herzlich willkommen im Herzen Hamburgs und zu den köstlichsten Speisen des Orients.

*Rezept:*
*Labaneh*
*Seite 138*

**Meine Bank heißt Haspa**

## Was Hanna mit **HEIDI** verbindet.

Ganz klar – beide sind bzw. waren Hamburger Originale. Und beide waren Werbeträger der Hamburger Sparkasse, kurz: „Haspa". Heidi Kabel und Hanna Saliba gehörten zu den ersten von über 100 Hamburger Gesichtern, die auf Plakaten in der ganzen Stadt zu sehen waren. Erdacht hatte sich diese Kampagne die Agentur BBDO, Fotograf der Schwarz-Weiß-Porträts war Amos Schliack. Unter dem Titel „Portraits of Hamburgers" gab es sogar eine Ausstellung in der PPS-Galerie von F. C. Gundlach.

Ein – im wahrsten Wortsinn – Unternehmer wie Hanna braucht, vor allem auch in finanziellen Angelegenheiten, Förderer und Begleiter mit einem offenen Ohr für Probleme und Ideen. Oft ging es um spannende Projekte und Gastrokonzepte, für die sich auch der Kundenberater begeistern konnte, und so war Hanna die Unterstützung sicher. Und weil das so ist, sagt Hanna heute noch: „Meine Bank heißt Haspa."

# REZEPTE

# Curry nach Seemannsart

Bei seinen Besuchen im **Hamburger Hafenmuseum** erinnert sich Hanna gern an den „Seemannssonntag", der traditionell immer auf den Donnerstag fällt. An diesem Tag gibt es für die Besatzung ein besonders gutes Essen – wie ein Sonntagsessen. Ein Seemannscurry gehörte zu den Highlights, jedes Crewmitglied konnte sich aus unzähligen Beilagen seinen eigenen Teller zusammenstellen – gute Laune inklusive.

## Zutaten *(4 Personen)*

1 Poularde ca. 1,5 kg
½ Zwiebel ohne Schale
400 g Basmatireis
50 g Butterschmalz
800 ml Wasser
2 TL Salz

### Sauce:

1 ½ l Hühnerbrühe
½ Zwiebel, fein gewürfelt
3 Zehen Knoblauch,
  fein gewürfelt
1 gehäufter EL Limettencurry
2 EL Butterschmalz

### Beilagen, gewürfelt, pro Person 1–2 EL:

Rote Beete, gekocht
saure Gurke
gekochtes Ei
Ananas, frisch
Salami
Kokosraspel
Sardinenfilets (Dose)
Thunfisch in eigenem Saft (Dose)
Mais (Dose)

### Zum Anrichten:

Sultaninen, eingelegt in Rum
Cashewnüsse, geröstet

## Zubereitung

Poularde kalt abspülen, in einem großen Topf mit kaltem Wasser bedecken, mit der Zwiebel zum Kochen bringen und ca. 90 Minuten köcheln lassen, ab und zu den Schaum abschöpfen. Poularde herausnehmen, abkühlen lassen, die Haut entfernen, das Fleisch auslösen, in mundgerechte Stücke schneiden und warmhalten.

**Für die Sauce:** Feingewürfelte Zwiebel mit dem Knoblauch in Butterschmalz anschwitzen. Currypulver kurz mit anrösten, die heiße Hühnerbrühe dazugeben, kochen und mit dem Pürierstab aufmixen. Die Sauce bei Bedarf mit etwas Stärke binden.

**Tipp:** Die gewürfelten Beilagen einzeln in Schälchen anrichten.

Den Basmatireis in Butterschmalz anbraten, Wasser dazugeben, salzen und auf kleiner Flamme mit geschlossenem Deckel ca. 15 Minuten kochen. Kurz vor Ende der Garzeit einmal umrühren.
Den Reis auf die Teller füllen, Hühnerfleisch dazugeben und mit heißer Currysauce auffüllen. Die Beilagen nach Geschmack dazu essen.

[beti betak]
Mein Haus ist dein Haus.

# Foul Medammas

Dieses Ein-Topf-Gericht funktioniert auf dem Campingplatz genauso gut wie in der **Jugendherberge.** Eine Kochgelegenheit vorausgesetzt, braucht man nur einen Topf und wenige Zutaten, um ein schmackhaftes Low-Budget-Mahl zu zaubern. Die Güte des Olivenöls ist hier allerdings ein nicht zu unterschätzender Faktor.

## Zutaten *(1 Person)*

1 Dose (400g) Foul Medammas
1 Knoblauchzehe, gepresst
150g Kichererbsen, gekocht
 (Glas), abgegossen
½ EL Minze, getrocknet und
 zerstoßen
1 Tomate, gewürfelt
1 EL glatte Petersilie, gehackt
3 El Olivenöl
Saft von einer Zitrone
Salz

## Zubereitung

Die Bohnen mit ihrer Flüssigkeit und den Kichererbsen erwärmen, Knoblauch und Minze dazugeben, kurz aufkochen, Zitronensaft zugeben und eventuell mit Salz abschmecken.

Das Gericht wird auf einem tiefen Teller serviert, gewürfelte Tomaten und Petersilie daraufstreuen und mit dem kalten Olivenöl würzen.

# Tatar Fulminant

Zum „Early Breakfast" nach einer langen Nacht stand immer ein Tablett mit Mettbrötchen auf dem Tresen des **Seeteufel.** Für Mitglieder der christlichen Seefahrt kein Problem, dass es sich hierbei um Schweinefleisch handelte. Die syrische Variante des Hackepeter wird aus Lammfleisch hergestellt und ist dank orientalischer Aromenvielfalt deutlich raffinierter.

## Zutaten *(20 Stullen)*

### Part I

Ca. 3 kg Lammkeule beim Schlachter bestellen, das ergibt in der Regel 1,2 kg reines, schieres Lammfleisch ohne Fett. Den Schlachter bitten, dieses zweimal durch den Wolf zu drehen. Den Rest zu Lammhack drehen lassen, hiervon eine Hälfte einfrieren, die andere Hälfte in Part II dieses Rezeptes verarbeiten.

100 g Walnüsse, grob gehackt
100 g Zwiebel, fein gehackt
1 TL schwarzen Pfeffer, gemörsert
1 TL Salz
1 TL Kumin, gemahlen
½ TL Nelke, gemörsert
½ TL Zimt, gemahlen
2 TL Zitronenabrieb
1 TL Paprikamark
20 Basilikumblätter, gehackt
3 EL Olivenöl
20 Scheiben Schwarzbrot

### Part II

500 g Lammhack
1 Zwiebel, fein gewürfelt
1 TL Salz
20 g Pinienkerne, ungeröstet
½ EL Saliba Gewürz

## Zubereitung

### Part I

Das schiere Fleisch mit sämtlichen Zutaten gründlich verkneten, dann nach und nach mit etwas Crasheis in den Cutter geben, bis das Ganze eine homogene Masse ergibt. Mit diesem würzigen Lammtatar die Schwarzbrotscheiben belegen. Mittig mit einem Löffel eine Mulde drücken.

### Part II

Alle Zutaten zusammen braten. Von dieser Masse je 1 EL in die vorbereitete Mulde auf die Stullen geben.

# Mankoushe – syrische Za'atar-Kräuter-Gewürz-Pizzen

Wer hat's erfunden? **Constanzo** und Hanna konnten herzlich darüber streiten, wo denn nun die Pizza ihren Ursprung hat. Sicher ist: Es war ein Neapolitaner, der 1886 die erste Pizza Margherita aus dem Ofen zog. Doch bereits in der Antike gab es im Orient einen Teigfladen, genannt Pita, der wahrscheinlich mit den reiselustigen Römern seinen Weg nach Italien und in die ganze Welt fand ...

## Zutaten *(2–4 Personen)*

*Pitabrot*
*Vierländer Fleischtomaten*
*grobes Meersalz*
*Olivenöl*
*Zitronensaft*
*Pfeffer aus der Mühle*
*Ilyas' Za'atar*

*oder Za'atar selbst gemischt:*
*200 g Za'atar grün*
*20 g Sumak*
*50 g Pistazien mit Haut,*
  *angeröstet und grob gehackt*
*1 EL gerösteter Sesam*
*1 TL Salz*

## Zubereitung

Entweder Ilyas' Za'atar nehmen, ansonsten zuerst das Za'atar wie angegeben herstellen.

Tomaten horizontal in zwei Hälften aufschneiden, mit Olivenöl, Zitronensaft, Salz und Pfeffer bestreichen, wieder zuklappen und einwirken lassen.

Pitabrot mit Olivenöl bestreichen und mit Za'atar bedecken, im Ofen ca. 3 Minuten bei 180 °C erwärmen. In vier Teile aufschneiden und servieren.

Die Tomate aufschneiden und als Erfrischung dazureichen.

# Spiegeleier mit Datteln

Die Küche des **Seemannsheims** war nicht gerade der Ort, der sich für die Zubereitung eines syrischen Festmahls eignete. Spartanisch ausgestattet, fand sich aber wenigstens immer eine Pfanne, um ein Spiegelei zu braten. War das Heimweh besonders groß, wurde die schlichte Eierspeise kuzerhand mit Dattel und Knoblauchwurst „orientalisiert".

## Zutaten

*Eier, 2 Stück pro Person*
*Sucuk (türkische Wurst),*
*  4 dünne Scheiben pro Ei*
*Medjoul-Datteln,*
*  1 Stück pro Ei*
*Butterschmalz*
*Salz, Pfeffer*

## Zubereitung

Dattelkerne entfernen und die Datteln vierteln.

Butterschmalz in einer Pfanne erhitzen, Eier in die Pfanne geben und zusammen mit Wurst und Datteln braten. Das Ei nach Wunsch salzen und pfeffern.

# Gefüllte Mangoldblätter

Früher als Winterspinat (die Blätter) und als „Spargel des kleinen Mannes" (die Stiele) bezeichnet, ist er heute ein vielseitiges Gemüse für Feinschmecker: der Mangold. Blätter und Stiele, die weiß, gelb oder rot sein können, werden meist getrennt voneinander zubereitet – Garzeiten und Geschmack unterscheiden sich. Ein leidenschaftlicher Gemüsehändler wie **Musa** weiß: Der rotstielige Mangold ist der aromatischste.

**Zutaten** *(2–4 Personen)*

*8 Blätter Mangold, bevorzugt rot*
*75 g Kichererbsen, gekocht*
  *(Glas oder Dose)*
*70 g Basmatireis*
*1 Tomate*
*½ TL Salz*
*½ getrocknete Minze*
*1 Bund Petersilie*
*1 TL Olivenöl*

**Sauce:**
*2 EL Olivenöl*
*1 TL getrocknete Minze*
*2 gepresste Knoblauchzehen*
*Saft von 2 Zitronen*
*100 ml Kochwasser*

**Zubereitung**

Mangoldblätter waschen, Strunk entfernen (kleingeschnitten für andere Gerichte zu verwenden), in wenig Wasser mit 1 TL Natron kurz blanchieren, mit kaltem Wasser abschrecken und abtropfen lassen.

Für die Füllung: Die Haut der Kichererbsen entfernen und die Früchte halbieren. Tomaten würfeln, Petersilie hacken, mit dem ungekochten Basmatireis, Salz, Minze, Olivenöl und den Kichererbsen vermischen.

1 EL Füllung mittig auf das Mangoldblatt geben und aufrollen, dabei die Seiten einschlagen. Falls Restfüllung vorhanden, in den Topf geben, die Mangoldrollen darauflegen und in wenig Wasser ca. 20 Minuten garen, mit Teller beschweren.

Für die Sauce das Olivenöl erwärmen, Knoblauch und Minze anrösten und den Saft der Zitronen dem Kochwasser beigeben, 2 Minuten köcheln.

Die gefüllten Mangoldblätter auf Tellern anrichten und mit wenig Soße beträufeln.

# Knafe

Knafe war genau die richtige Speise, wenn man nach einem langen und erbaulichen Rundgang durch das **Museum für Völkerkunde** wieder zu Kräften kommen wollte – ein bisschen süß, aber gleichzeitig auch herzhaft. Sie können es nachmittags als Snack zum Tee servieren, es macht sich aber auch gut als Dessert.

## Zutaten *(6 Personen)*

*250 g Kataifie-Teigfäden*
  *(Engelshaar)*
*3 EL Butterschmalz*
*475 g Käsemischung*
  *bestehend aus:*
*150 g Kaymak*
  *(in türkischen Lebensmittelläden*
  *erhältlich, ersatzweise*
  *Mascarpone) und*
*325 g Mozzarella*

### Zuckerguss:

*100 g Zucker*
*200 g Wasser*
*etwas Zitronensaft*
*1 TL Rosenwasser*
*50 g Pistazien, gehackt*
*Butterflöckchen*

## Zubereitung

Ofen auf 200 °C Oberhitze vorheizen, Butterschmalz in der Pfanne schmelzen. Die Hälfte der Teigfäden auseinanderzupfen und in dem Fett tränken. Die Masse in einer hohen Auflaufform ausbreiten und auf der mittleren Schiene ca. 30 Minuten braun backen.

Für den Zuckerguss Wasser und Zucker zum Kochen bringen und ca. 10 Minuten unter Rühren köcheln lassen, anschließend den Zitronensaft und das Rosenwasser zugeben, aufkochen und warmhalten.

Den Mozzarella auseinanderzupfen, mit Kaymak bzw. Mascarpone mischen und auf den gebackenen Teigfäden verteilen. Restliche Teigfäden auf der Käsemasse ausbreiten, Butterflöckchen daraufgeben und für weitere 30 Minuten in den Ofen stellen.

In ca. 10 Zentimeter große Teile schneiden, auf Tellern anrichten, den Sirup nach Geschmack darübergeben und mit den gehackten Pistazien dekorieren. Warm servieren.

# Lammhoden

Innereien sind in der syrischen Küche sehr beliebt – deutsche Gäste haben da allerdings manchmal Berührungsängste. Im **A'Shamra** machte sich Hanna gelegentlich einen Spaß daraus, verzückte Genießer darüber aufzuklären, dass sie gerade Lammhoden probiert hatten. Die meisten von ihnen wurden zu Wiederholungstätern.

## Zutaten *(4 Personen)*

*1 EL Johannisbrotsirup*
*2 Lammhoden, gehäutet (beim*
  *orientalischen Schlachter)*
*1 Zwiebel, geviertelt*
*½ kleine Schalotte, sehr fein*
  *gehackt*
*50 ml Gemüsebrühe*
*2 Kardamomkapseln*
*3 Nelken*
*1 Zimtstange*
*Butter*
*10 Kaktusfeigen*
*20 schwarze Pfefferkörner,*
  *frisch zerstoßen*
*1 TL Zitronensaft*
*je 1 TL Zitronen- und*
  *Orangenabrieb (Bio)*
*Salz*
*ein paar Blätter frische Minze*

## Zubereitung

Lammhoden mit Zwiebeln, Nelken, Zimt und Kardamom ca. 5 Minuten blanchieren, dabei den Schaum abschöpfen. Die Hoden herausnehmen, abtrocknen und vierteln.

Für die Sauce die Kaktusfeigen schälen (die beiden Enden abschneiden, die Haut von links nach rechts aufschlitzen, auseinanderziehen und die Frucht herausnehmen). Mit einem Löffel durch ein feines Sieb drücken und Saft und Fruchtmark auffangen.

Die ganz fein gehackten Schalotten in Butter anschwitzen, mit der Brühe ablöschen, den Saft und das Fruchtmark der Kaktusfeigen dazugeben. Mit Pfeffer, etwas Salz und Zitronensaft in der Pfanne erwärmen, nicht kochen. Die Minzblätter in der Sauce ziehen lassen, später entfernen. Dann mit Zitronen- und Orangenabrieb abschmecken.

Die Hodenviertel in Butter kurz braten und auf der warmen Sauce anrichten. Mit Johannisbrotsirup beträufeln.

Saliba verwöhnt Hamburg – seit 1985.

بيتي بيتك

[ˈbeti betak]
Mein Haus ist dein Haus.

# Meeräsche mit Tahinasauce

Wenn Hanna Anfang der 70er für seine WG-Mitbewohner in der **Fettstraße** einen ganzen Fisch aus dem Ofen zog, waren alle begeistert. Das können Sie natürlich auch so machen, dann verlängert sich die Garzeit entsprechend. Oder Sie probieren die hier beschriebene Version mit Fischfilets, die ist etwas einfacher, aber genauso schmackhaft.

## Zutaten *(4 Personen)*

*4 Meeräschenfilets mit Haut*
  *à 180 g, ersatzweise Zander*

### Marinade:

*4 EL Olivenöl*
*½ TL Paprika, scharf*
*½ TL Kumin, gemahlen*
*3 Knoblauchzehen, in Scheiben*
*½ Bund Petersilie, fein gehackt*
*Saft von ½ Zitrone*
*Salz, Pfeffer*

### Brühe für die Tahinasauce

*150 g Zwiebel, grob gewürfelt*
*120 g Tomaten, grob gewürfelt*
*50 g grüne Paprika,*
  *grob gewürfelt*
*2 Knoblauchzehen, in Scheiben*
  *geschnitten*
*1 getrocknete Chilischote*
*einige Safranfäden*
*2 Lorbeerblätter*
*Olivenöl*

*100 g Tahina (Sesampaste)*
*6 EL Zitronensaft*
*10 Zitronenscheiben*
*4 festkochende Kartoffeln, gekocht*
  *und in Scheiben geschnitten*
*Harissapaste*

## Zubereitung

Alle Zutaten für die Marinade gut vermischen, die Fischfilets von beiden Seiten damit bestreichen und ca. 1 Stunde marinieren lassen.

Für die Brühe Zwiebeln, Tomaten, Paprika und Knoblauch bei geringer Hitze in etwas Olivenöl anschwitzen, mit 1 l Wasser, versetzt mit ein paar Safranfäden, ablöschen und mit Chili und Lorbeer ca. 40 Minuten kochen lassen, passieren und auf ca. 300 ml reduzieren. Mit Tahina und Zitronensaft mischen, kräftig aufschlagen und abschmecken.

Die marinierten Fischfilets in einer flachen Form mit der Haut nach oben auf die Zitronenscheiben legen, die Knoblauchscheiben aus der Marinade oben auf die Fischfilets verteilen. Kartoffelscheiben mit Harissa bestreichen und rund um den Fisch in die Form geben. Alles zusammen für ca. 10 bis 12 Minuten im vorgeheizten Ofen bei 200 °C garen.

Saliba verwöhnt Hamburg – seit 1985.

['beti betak]
Mein Haus ist dein Haus.

# Tawaia – Hackbraten mit Pistazien

Es gibt sie – die absoluten Lieblingsgerichte, deren Duft auch später noch in der Lage ist, Kindheitserinnerungen zu wecken. Und alle sind sich einig, wenn es um die Frage nach der Hauptzutat geht: Tomatensauce! Das ist bei diesem Hackbraten nicht anders. Und wann immer **Hilaneh und Ilyas** die Wahl hatten, riefen sie: Tawaia!

## Zutaten *(4–6 Personen)*

1 kg Lammhack
4 große Kartoffeln
3 große Tomaten,
   in Scheiben geschnitten
1 große Zwiebel,
   in Ringe geschnitten
5 EL Pistazien, grob gemahlen
1 EL Saliba Gewürz
1 TL Salz
1 TL Paprika, edelsüß
10 Butterflöckchen

### Tomatensugo:

½ Zwiebel, fein gewürfelt
2 Knoblauchzehen, gehackt
Ca. 800 g Tomatenstücke
   (Dose)
2 EL Olivenöl
1 TL Harissa
2 TL Oregano, getrocknet
100 ml Wasser

## Zubereitung

Für das Sugo Zwiebeln und Knoblauch in Öl anbraten. Tomatenstücke, Harissa und Oregano dazugeben, ca. 1 Stunde einkochen und gegebenenfalls etwas Wasser dazugeben. Kartoffeln schälen und im Ganzen mit Salz nicht ganz garkochen, abkühlen lassen und in Scheiben schneiden.

Das Lammhack mit Salz und Saliba Gewürz mit feuchten Händen vermengen. Eine ofenfeste Form (ca. 20 x 30 cm) mit der Hälfte der Hackmasse auslegen, die Pistazien darauf verteilen und mit der zweiten Hälfte des Hacks bedecken.

Den heißen Sugo über das Hack verteilen. Darauf die Zwiebelringe, die Tomatenscheiben und zuletzt die mit Paprika bestreuten Kartoffelscheiben schichten. Dann die Butterflöckchen darauf verteilen.

Für ca. 30 Minuten auf der mittleren Schiene im vorgeheizten Ofen (200 °C Ober- und Unterhitze) backen.

[beti betak]

# Entenbrust auf Granatapfelsauce

Der alte Karren eines damaszenischen Granatapfelverkäufers war das Erste, was der Gast sah, wenn er das „**Saliba Osterstraße**" betrat. Die kunstvoll verzierte Antiquität war stets mit einer Pyramide aus Granatäpfeln beladen, deren Saft die Basis dieser köstlichen Sauce ist.

**Zutaten** *(4 Personen)*
*4 Entenbrüste (weiblich)*
  *à 180 g*
*1 Knoblauchzehe*
*1 EL Olivenöl*
*etwas Honig*
*Sesam, geröstet*
*Prise grobes Salz*

**Sauce**
*Saft von 2 Granatäpfeln,*
  *ca. 200 ml, wie Orangensaft*
  *pressen*
*20 Nelken, zerstoßen*
*1 EL Olivenöl*
*1 Knoblauchzehe*
*200 ml Gemüsebrühe*
*2 TL Schalotten, fein gewürfelt*
*3 TL Granatapfel-Balsamico*
*3–4 TL kalte Butter*

**Zubereitung**
Für die Sauce 1 TL Öl in der Pfanne erwärmen, die Knoblauchzehe auf eine Gabel spießen, damit die Pfanne ausstreichen. Die Schalotten anschwitzen und mit dem Granatapfelsaft und der Gemüsebrühe ablöschen. Granatapfel-Balsamico und die Nelken zur Sauce geben und kurz köcheln. Durch ein feines Sieb passieren, zurück in der Pfanne mit der kalten Butter binden.

Die Entenbrüste auf der Fettseite schräg einschneiden, auf der Fettseite für 5 Minuten kräftig anbraten. Dabei mit dem Pfannenwender etwas andrücken, damit die Haut komplett in der Pfanne aufliegt. Die Brüste mit der Fettseite nach oben im vorgeheizten Ofen bei 200 °C in ca. 5 Minuten fertig garen, herausnehmen, die Fettseite mit dem Honig bestreichen und mit Sesam bestreuen. Für eine weitere Minute in den Ofen schieben, rausnehmen, in Alufolie für 2 Minuten ruhen lassen.

Die Sauce auf die Teller geben, die Entenbrüste darauf anrichten, mit etwas grobem Salz würzen. Dazu passen blanchierte und in Butter geschwenkte Zuckerschoten.

# Lammlachs auf Schafskäsesauce

Schlicht, aber raffiniert. Diese Begriffe passen ebenso hervorragend zu diesem Gericht wie auch zum „**Saliba Leverkusenstraße**". Das Restaurant verströmte den Atem von Tausendundeiner Nacht, wirkte dabei aber nie überladen oder gar kitschig. Genau so ist es bei diesem Gericht, das mit wenigen Zutaten einfach zuzubereiten ist, auf dem Teller aber in orientalischer Eleganz erstrahlt.

## Zutaten *(4 Personen)*

*4 Lammlachse à 180 g*
*Ghee oder Butterschmalz*
*Salz, Pfeffer*

*Sauce:*
*100 ml Sahne*
*100 ml Gemüsebrühe*
*250 g Schafskäse*
  *(Feta, leicht zerbröselt, nicht*
  *zu salzig)*
*8 Blatt Basilikum,*
  *in feine Streifen geschnitten*
*Salz, schwarzer Pfeffer*
*Granatapfelkerne*
*Sumak*

## Zubereitung

Für die Sauce die Brühe mit der Sahne aufkochen, dann den Schafskäse dazugeben und schmelzen lassen. Mit dem Pürierstab aufmixen und abschmecken.

Die Lachse leicht salzen, in der heißen Pfanne in Ghee oder Butterschmalz von beiden Seiten kurz anbraten. Im Ofen bei 180 °C 6 bis 8 Minuten fertig garen. Rausnehmen und für 3 Minuten in Alufolie ruhen lassen.

Die Lammlachse tranchieren. Die Sauce auf den Tellern anrichten, die Lammlachsscheiben mittig drauflegen, die Sauce mit Sumak, Basilikumstreifen und Granatapfelkernen bestreuen. Die Lammscheiben pfeffern.

Dazu passen Korianderkartoffeln und verschiedene Gemüse *(siehe Grundrezepte Seite 140 ff.)*.

# Lammleberspießchen

Lammleber ist eine sehr zarte Delikatesse. Sie bekommen sie beim türkischen Metzger, oder Sie bestellen sie bei Ihrem deutschen Schlachter. Wer es sich zutraut, kann die Leberspießchen wie im „**Hellas**" auf dem Holzkohlegrill zubereiten und wird mit einem leicht rauchigen Aroma belohnt. Der Grill darf dabei nicht zu heiß sein, damit die Leber nicht verbrennt oder hart wird.

**Zutaten** *(4 Personen)*
*600 g Lammleber*
*4 Schalotten*
*Spieße*

*Gewürzmischung*
*4 TL Kumin, gemahlen*
*1 TL Paprika, scharf*
*1 TL Salz*

*2 Knoblauchzehen, fein gehackt*

*½ Zitrone*
*2 EL Olivenöl, mit Chili*
  *abgeschmeckt*

**Zubereitung**

Die Leber in 3 x 3 cm große Stücke schneiden. Mit den Schalotten abwechselnd auf Spieße ziehen. Vorsichtig in warmem Olivenöl braten, ca. 2 bis 3 Minuten von jeder Seite.

Den fein gehackten Knoblauch anbraten.

Die Leberstücke mit Zitronensaft beträufeln, dann in die Gewürzmischung tunken, mit dem Knoblauch bestreuen und die gegrillten Schalotten dazugeben.

Dazu passt Pitabrot zum Aufnehmen der Leberstücke.

Saliba verwöhnt Hamburg – seit 1985.

['beti betak]
Mein Haus ist dein Haus.

# Panini Oriental

Der italienische Sandwichklassiker ist aus einem Café wie „**Da Nico**" genauso wenig wegzudenken wie ein Espresso oder ein Latte macchiato. Gefüllt mit Mozzarella, Tomate und Parmaschinken kann sich die gegrillte „Stulle" durchaus zur Delikatesse mausern. Ganz klar, dass Hanna hierzu seinen köstlichen orientalischen Gegenentwurf liefern wollte.

**Zutaten** *(1 Person)*

*2 Scheiben Auberginen, ½ cm dick*
*2 Scheiben Zucchini, ½ cm dünn*
*Pflanzenöl zum Braten*
*2 Pitabrote*
*2–3 gehäufte EL Feta,*
*  zerbröselt*
*2 Scheiben Pastirma (türkischer*
*  Rindersaftschinken)*
*½ kleine Zwiebel, in Ringen*
*2 Scheiben Tomaten,*
*  dünn geschnitten*
*½ TL Sumak*

*Harissasauce (siehe Grund-*
*  rezepte Seite 140 ff.)*

**Zubereitung**

Sumak in die Zwiebelringe einmassieren.

Auberginen- und Zucchinischeiben salzen und im Öl goldbraun braten, auf Küchenpapier abtropfen lassen.

Pitabrot mit der Harissasauce bestreichen, Auberginen- und Zucchinischeiben, die Zwiebelringe, die Tomaten- und die Pastirmascheiben übereinanderschichten und den zerbröselten Fetakäse darauf verteilen.

Das zweite Pitabrot oben drauflegen und in den Kontaktgrill schieben. Knusprig toasten, halbieren und beide Hälften auf dem Teller anrichten.

# Muhammara

Pikante Details und scharfe Ansichten gehören zu den Hoffnungen der Besucher der **Herbertstraße.** Nicht immer werden diese Erwartungen erfüllt. Ganz anders bei Muhammara, das ursprünglich aus Aleppo in Syrien stammt. Schärfe verbindet man dort eher mit Chilis, Hauptbestandteil der Würzpaste Harissa, die diesem Paprika-Walnuss-Dip sein Feuer verleiht.

**Zutaten** *(6–8 Personen)*
*250 g Zwieback*
*120 g Walnusskerne,*
  *davon 20 zur Dekoration*
*1 ½ EL Tahina (Sesambutter)*
*1 ½ EL Granatapfel-Balsamico*
*50 g Paprika edelsüß*
*1 TL Salz*
*1 TL Kumin, gemahlen*
*2 gehäufte TL Harissa*
*75 ml Olivenöl*

**Zubereitung**
Zwieback im Blitzhacker fein zerbröseln, 50 g der Walnüsse grob, den Rest fein hacken, alles mit den restlichen Zutaten gut mischen. Dann etwa 600 ml Wasser langsam dazugeben und kneten, bis eine Paste entsteht.

Auf einer Platte anrichten, mit Olivenöl beträufeln und mit ein paar Walnusskernen dekorieren.

# Falafel

Es war ein übellauniges Falafel in Damaskus, das Hanna einen mehrwöchigen Aufenthalt im **Bernhard-Nocht-Institut für Tropenmedizin** bescherte. Und einer der Gründe, warum er die Zubereitung der köstlichen Kichererbsen-Gemüsebällchen zukünftig lieber selbst in die Hand nahm. Seitdem sind – außer genussvollen Seufzern – bei niemandem mehr Nebenwirkungen aufgetreten.

## Zutaten *(6 Personen)*

*500 g getrocknete Kichererbsen*
  *(18–24 Stunden in Wasser*
  *einweichen und abtropfen*
  *lassen)*
*1 Zwiebel, grob gehackt*
*1 Bund Petersilie,*
  *mit Stielen grob gehackt*
*6 Knoblauchzehen, grob gehackt*
*1 TL Korianderkörner, gemahlen*
*3 TL Kumin, gemahlen*
*3 TL Salz*
*3 TL Saliba Gewürz*
*1 TL Paprika, edelsüß*
*1 TL Natron*
*150 ml Wasser*
*Pflanzenöl zum Frittieren*
*Sesamsaat*

## Zubereitung

Zwiebeln, Knoblauch und Petersilie zusammen mit den Kichererbsen durch den Fleischwolf drehen. Restliche Gewürze mit 150 ml Wasser zu der Masse hinzufügen, gut verkneten und 30 Minuten ruhen lassen.

Pflanzenöl auf 180 °C erhitzen. Optimal funktioniert das mit einer Haushaltsfritteuse, Sie können das Öl aber auch 3 cm hoch in eine hohe Pfanne geben. Vorsicht, beim Frittieren steigt der Fettspiegel an!

Mit zwei Löffeln Nocken formen, dabei die Löffel nach jedem Einsatz in kaltes Wasser tauchen. Die obere Seite der Nocken in Sesam wälzen, vorsichtig, mithilfe des zweiten Löffels in das heiße Fett gleiten lassen, ca. 2 Minuten von jeder Seite frittieren.

Dazu passt orientalischer Tomaten-Gurken-Salat mit Minze, Olivenöl und Granatapfelkernen. Mit Pitabrot, Tahina- und Harissasauce servieren *(siehe Grundrezepte Seite 140 ff.)*.

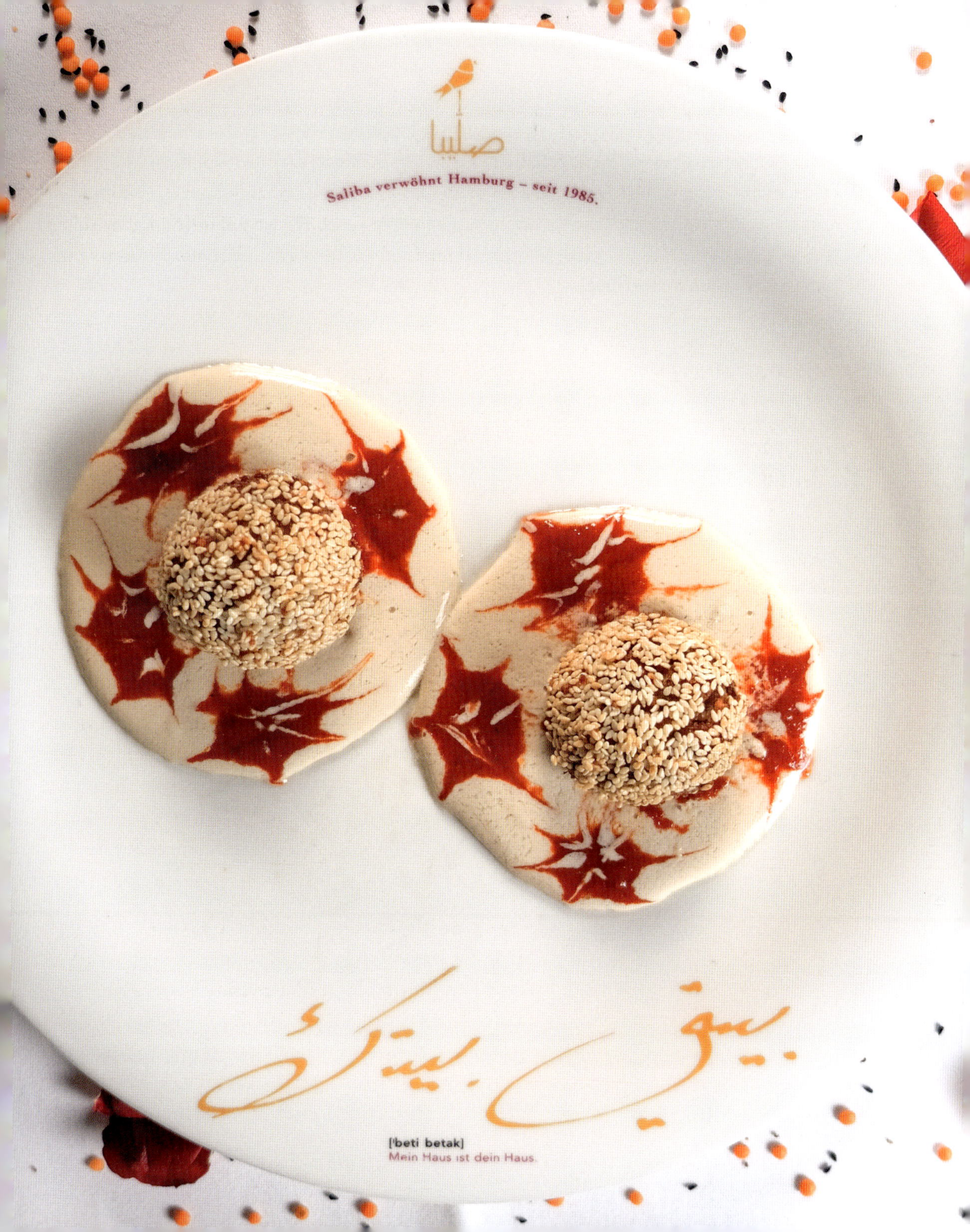
صليبا
Saliba verwöhnt Hamburg – seit 1985.
بيتي بيتك
[ˈbeti betak]
Mein Haus ist dein Haus.

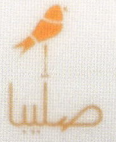

# Kamelgulasch

Kreuzfahrer lieben die Exotik – sowohl bei Tagesausflügen an Land wie auch auf dem Teller an Bord der **EUROPA II**. So war Hanna immer auf der Suche nach ausgefallenen Zutaten für seine Kochkurse. Kamelfleisch ist ein ausgezeichneter Eiweißlieferant und arm an Cholesterin. Sollten Sie keines bekommen, können Sie Lammfleisch verwenden.

## Zutaten *(1 Person)*

2,5 kg Kamelgulasch
  (nur gefroren im Handel),
  ersatzweise Lammfleisch
1 EL Mehl
800 g Zwiebeln, in Scheiben
  geschnitten
je 2 TL Paprika scharf
  und edelsüß
2 l Gemüsebrühe, heiß
4 Knoblauchzehen, gehackt
3 EL Tomatenmark
etwas Olivenöl
400 ml Rotwein
15 Scheiben frischer Ingwer
5 Lorbeerblätter
2 TL Salz
20 schwarze Pfefferkörner,
  gestoßen
2 EL Saliba Gewürz
3 TL Anis, frisch gemörsert
1 EL Granatapfel-Balsamico
16 getrocknete Feigen, halbiert
40 g dunkle Schokolade
Kerne aus einem Granatapfel

## Zubereitung

Fleisch parieren und in 4 x 4 cm große Stücke schneiden, Zwiebeln in Öl anbraten und ca. 40 Minuten schmoren lassen, bis sie braun geworden sind. Aus dem Bräter nehmen.

Danach jeweils so viel Fleisch in den Bräter geben, dass es gleichmäßig von allen Seiten angeröstet wird. Diesen Vorgang wiederholen, bis die gesamte Menge gebraten ist.

Tomatenmark und Knoblauch mit 2 EL Öl im Bräter anrösten, das Fleisch hinzugeben, mit Saliba Gewürz, Paprika und Salz würzen, danach mit Mehl bestäuben, mit dem Rotwein ablöschen. Nach einigen Minuten die Zwiebeln dazugeben, mit der heißen Brühe in kurzen Abständen auffüllen. Ingwer, Pfeffer und Lorbeerblätter dazutun. Darauf achten, dass das gesamte Fleisch mit der Flüssigkeit bedeckt ist. Mit geschlossenem Deckel drei Stunden köcheln lassen.

Für die letzte halbe Stunde die halbierten Feigen und den Granatapfel-Balsamico dazugeben, 20 Minuten später dann die Schokolade. Mit dem gestoßenen Anis abschmecken und mit Granatapfelkernen garnieren. Dazu passt Fadennudel-Basmatireis *(siehe Grundrezepte Seite 140 ff.)*.

# Äjjhe – Petersilienomelett

Ist man bei Hanna zum Frühstück eingeladen, kann man sich glücklich schätzen, denn es gibt: Eier nach Wunsch. In allen erdenklichen Versionen bereitet er sie zu – mit Wurst, Tomate, frischen Kräutern, Trüffeln, Kaviar ... gekocht, gebraten, pochiert ...
Oder wie in diesem Fall – frittiert! Hat man sich diese Variante gewünscht, geht sie – wie im „**Salibaba**" – sogar in die Füllung!

**Zutaten** *(4 Personen)*
*2 Bund Frühlingszwiebeln*
*3 große Bund glatte Petersilie*
*Pitabrot (auch Fladenbrot ist*
  *geeignet)*
*7 Eier*
*1 EL Mehl*
*½ EL schwarzer Pfeffer,*
  *frisch zerstoßen*
*3 TL Salz*
*5 g Backpulver*
*½ EL Minze, getrocknet*
*Pflanzenöl zum Frittieren*
*Harissasauce (siehe Grund-*
  *rezepte Seite 140 ff.)*
*Tomaten, in Scheiben*
*Salatgurke, in Scheiben*

**Zubereitung**
Petersilie gründlich waschen, Stiele entfernen, trockenschleudern und grob hacken. Frühlingszwiebel putzen und in feine, kleine Ringe schneiden.

Ganze Eier in einer großen Schüssel aufschlagen, die restlichen Zutaten sowie Petersilie und Frühlingszwiebeln dazugeben, gut mischen und 15 Minuten ziehen lassen.

Pflanzenöl in einer hohen Pfanne erhitzen, Temperatur bei 180 °C halten. Von der Gemüsemasse 1 EL abmessen, in die Pfanne geben und nach zwei Minuten wenden. Nach und nach mit der restlichen Masse ebenso verfahren. Die fertigen Omeletts auf Küchenpapier abtropfen lassen.

Die Menge reicht für ca. 15 Omeletts.

Omeletts, Scheiben von Tomaten und Salatgurke in das mit Harissasauce bestrichene Pitabrot einrollen oder in das aufgeschlitzte Fladenbrot füllen.

Wie Panini unter einen Kontaktgrill schieben.

Dazu passt Joghurt.

# Hummus mit Lammgeschnetzeltem und Pinienkernen

Hummus ist die wohl bekannteste Speise aus dem arabischen Raum, und die Regeln für seine Herstellung gleichen Weltanschauungen. So kann der Koch, der etwa Joghurt oder zu wenig Tahina unter sein Hummus rührt, schon als Scharlatan oder gar Betrüger gelten. Selbstverständlich wurde im „**Grill of Arabia**" das Hummus immer nach der reinen Lehre zubereitet.

## Zutaten *(4–6 Personen)*

### *Hummus*

*400 g gekochte Kichererbsen
  aus dem Glas oder der Dose*
*300 g Tahina (Sesampaste)*
*200 ml Wasser*
*60 ml Zitronensaft*
*1 Knoblauchzehe, feingehackt*
*1 TL Salz*
*5–6 Eiswürfel*
*Olivenöl extra vergine*

### *Lammgeschnetzeltes*

*200 g Lammhüfte, geschnetzelt*
*½ TL Salz*
*½ TL Saliba Gewürz*
*30 g geröstete Pinienkerne*
*2–3 Radieschen*

## Zubereitung

Für das *Hummus* die Kichererbsen abgießen und unter fließendem Wasser abspülen, in einen Topf mit 1 l frischem Wasser 30 bis 45 Minuten abgedeckt auf kleiner Flamme köcheln lassen, abgießen, mit kaltem Wasser abschrecken und abtropfen lassen.
Zusammen mit Tahina, Wasser, Zitronensaft, Knoblauch, Salz und den Eiswürfeln in einen Mixer geben, pürieren, bis die Konsistenz cremig ist. Kreisförmig auf einem flachen Teller ausstreichen und mit Olivenöl beträufeln.

*Das ist jetzt schon ein klasse Dip. Wenn Sie Ihre Gäste aber richtig beeindrucken wollen, versuchen Sie diese Variante:*

Das *Lammgeschnetzelte* mit Salz und Saliba Gewürz vermengen, in wenig Olivenöl anbraten, bis es leicht gebräunt ist und nach den Gewürzen duftet. Das Lammgeschnetzelte locker über das Hummus geben. Mit den gerösteten Pinienkernen bestreuen und den in Scheiben geschnittenen Radieschen dekorieren.

**[beti betak]**
Mein Haus ist dein Haus

# Linsensuppe

Sie gehört zu Hannas Lieblingsgerichten, wenn er das „**Lokma**" (heute Lokmam) in der Schanze besucht. Diese Suppe ist in Variationen im gesamten orientalischen Raum bekannt und beliebt – auch weil sie so unkompliziert zuzubereiten ist. In der Türkei wird gern etwas süßes Paprikapulver in brauner Butter angeschwitzt, mit der man die Suppe anschließend beträufelt. Für die indische Variante verwendet man anstelle von Kumin ein gutes Currypulver und gibt noch etwas Kokosmilch dazu.

**Zutaten** *(4 Personen)*
*300 g rote Linsen*
*100 g Zwiebeln, gewürfelt*
*3 EL Olivenöl*
*2 TL Kumin, gemahlen*
*Saft von 2 Zitronen*
*Salz*
*Pitabrot, in Streifen geschnitten*
*Pflanzenöl zum Frittieren*
*2 l Gemüsebrühe*
  *(vorzugsweise nach dem Grund-*
  *rezept Seite 140 ff., ersatzweise*
  *Instantbrühe)*
*1 EL Basmatireis*

**Zubereitung**
Zwiebel in Öl anschwitzen, Linsen und Reis zugeben, mit 2 TL Kumin kurz anrösten, umrühren, nach und nach mit der Brühe ablöschen, aufkochen und ca. 30 Minuten köcheln lassen. Den Saft von anderthalb Zitronen zugeben, pürieren und bei Bedarf mit zusätzlich Salz, Kumin und Zitrone abschmecken.

Während die Suppe kocht, das Pflanzenöl etwa fingerhoch in eine hohe Pfanne geben und erhitzen. Pitabrot in Streifen schneiden, goldbraun und knusprig frittieren, auf Küchenpapier abtropfen lassen.

Die Suppe mit dem Pitabrot servieren.

# Lammwürstchen

Im „**Mazza**" ist der Name Programm – es war das erste Restaurant in Hamburg, in dem nur die berühmten syrischen Vorspeisen serviert wurden. Das Wörtchen „nur" ist in diesem Fall eine irreführende Einschränkung, denn die Vielfalt dieser Speisen ist phänomenal. Immer dabei und oft im Mittelpunkt der Karawane der Köstlichkeiten: die Lammwürstchen. Manch Gast soll das „Mazza" nur ihretwegen besucht haben ...

## Zutaten *(8 Personen)*

*500 g Lammhack*
*150 cm Naturdarm, ca. 20 mm ø*
*  (beim Schlachter bestellen)*
*2 EL Weinessig*
*25 g Pinienkerne, geröstet*
*1 TL Saliba Gewürz*
*1 TL Harissa*
*1 TL Salz*
*Olivenöl zum Braten*

## Zubereitung

Darm in kaltem Salzwasser wässern. Hack, Essig, Pinienkerne, Saliba Gewürz, Harissa und Salz verkneten. Einen trichterförmigen Wurstaufsatz vor den Fleischwolf setzen, den sauberen Darm darüberschieben. Die Farce langsam, gleichmäßig und locker, ohne Luftzwischenraum durch den eingeschalteten Fleischwolf in den Darm treiben. Am Ende und dann alle 10 cm verknoten. Den Strang 2 bis 3 Stunden hängend trocknen, damit der Fleischsaft abtropfen kann.

Würstchen bei den Knoten abschneiden und in einer Pfanne im Olivenöl langsam braten.
Mit Tahina- und Harissasauce anrichten *(siehe Grundrezepte Seite 140 ff.)*.

[beti betak]
Mein Haus ist dein Haus.

# Labaneh

Labaneh oder Labneh, ein frischer Quark aus Ziegen-, Schafs- oder Kuhmilch, ist wichtiger Bestandteil der levantinischen Küche und oft auch Teil der Mazza. Das **Saliba Alsterarkaden** wird seit über 30 Jahren wöchentlich von Ziegenhof Rehder mit der Schleswig-Holsteiner Labanehvariante beliefert – es lässt sich aber auch recht einfach selber machen.

**Zutaten** *(4 Personen)*
*1 kg Joghurt (siehe Anmerkung)* *
*1 TL Salz*
*1 Passiertuch 50 x 50 cm*
*12 Wachteleier, gekocht*
*große, fleischige schwarze und*
*  grüne Oliven mit Stein*
*hochwertiges Olivenöl*
*Za'atar*

**Zubereitung**

*Für die Herstellung von Labaneh können Sie sowohl cremigen Joghurt mit 3,5 % Fett oder einen griechischen Joghurt mit 10 % Fett aus Kuhmilch oder Ziegenjoghurt mit 3,5 bis 5 % Fett verwenden. In der Regel verliert man mit der abfließenden Molke ca. 50 % der Joghurtmenge

Passiertuch in ein Metallsieb legen, Joghurt mit Salz verrühren, auf das Tuch geben, das Tuch verknoten. Die Molke in einem Topf auffangen, in einem kühlen Raum oder im Kühlschrank abtropfen lassen.

Beim griechischen und beim Ziegenjoghurt braucht das ca. 6 Stunden, bei dem cremigen Joghurt 10 bis 12 Stunden.

Den daraus entstandenen Frischkäse mit ein wenig Wasser vermischen und ihn dadurch zum Glänzen bringen. Dann auf Tellern anrichten. Großzügig mit dem Olivenöl beträufeln.

Wachteleier in Za'atar wälzen und mit den Oliven zum Frischkäse reichen. Dazu eignet sich Pita- oder Fladenbrot.

[beti betak]
Mein Haus ist dein Haus

# GRUNDREZEPTE

## Saliba Gewürzmischung

**Zutaten** *(ergibt 240 g)*
*100 g Pimentkörner*
*25 g Zimtrinde*
*25 g Nelken*
*20 g Kuminsaat*
*20 g Korianderkörner*
*15 g Kardamomsaat*
*15 g Ingwerpulver*
*5 g weiße Pfefferkörner*
*5 g schwarze Pfefferkörner*
*5 g Muskat, gerieben*
*5 g Chiliflocken*

**Zubereitung**
Alle Gewürze bis auf den Muskat und das Ingwerpulver in einer beschichteten Pfanne trocken anrösten, bis die Gewürze anfangen zu duften. Herausnehmen und leicht abkühlen lassen. Zusammen mit Muskat und Ingwerpulver in einen Mörser oder eine Gewürzmühle geben und fein mahlen. Eignet sich für viele Gerichte mit Fisch, Fleisch und Geflügel. In einem luftdichten Behälter hält sich die Mischung mehrere Wochen.
*Tipp: Die Saliba Gewürzmischung gibt es fertig bei uns im Shop: www.saliba-shop.de*

## Korianderkartoffeln

**Zutaten** *(4–6 Personen)*
*800 g Kartoffeln*
*1 EL Korianderkörner,*
  *im Mörser zerstoßen*
*1 TL Harissa*
*1 TL Knoblauch, gepresst*
*½ TL Salz*
*Olivenöl*

**Zubereitung**
Kartoffeln schälen und in 1 cm große Würfel schneiden. Gründlich waschen und trocknen. In eine Pfanne fingerdick Öl gießen, erhitzen und die Kartoffelwürfel darin ca. 10 Minuten goldbraun frittieren. Herausnehmen und auf Küchenpapier abtropfen lassen. In einer anderen Pfanne 3 EL Olivenöl erhitzen, die Kartoffeln mit Koriander, Harissa, Knoblauch und Salz darin durchschwenken.

# Orientalische Gemüsebrühe

**Zutaten** *(ergibt ca. 700 ml)*
300 g Lauch
200 g Karotten
250 g Zwiebeln
4 Kardamomkapseln
10 Pfefferkörner
1 Lorbeerblatt
350 g Tomaten
2 EL Olivenöl

**Zubereitung**
Lauch, Karotten und Zwiebeln grob würfeln, mit den Gewürzen und dem Olivenöl in 1 l Wasser aufsetzen und aufkochen. Tomaten im Ganzen nach ca. 5 Minuten dazugeben und ohne Deckel ca. 30 Minuten kochen lassen. Durch ein feines Sieb passieren und erst bei Bedarf salzen.

# Orientalischer Salat

**Zutaten** *(4–6 Personen)*
150 g Kirschtomaten, halbiert
150 g Minigurken, gestiftelt
1 Romanasalat, klein geschnitten
1 EL Granatapfelkerne
1 Bund Rucola, ganze Blätter
1 Bund Frühlingszwiebeln,
 grob geschnitten
10 Blatt frische Minze, gehackt
8 Radieschen,
 in dünne Scheiben geschnitten
6 EL Olivenöl
2 EL Granatapfelsirup
 (siehe Glossar)
Salz, Pfeffer

**Zubereitung**
Für das Dressing den Granatapfelsirup zusammen mit Salz und Pfeffer in eine Schüssel geben. Das Olivenöl in einem dünnen Strahl einlaufen lassen und dabei kräftig mit dem Schneebesen aufschlagen, so erreichen Sie eine Emulsion. Mit den übrigen Zutaten vermengen.

# GRUNDREZEPTE

## Fadennudel-Basmatireis

**Zutaten** *(4–6 Personen)*
*30 g Fadennudeln*
*50 g Butterschmalz*
*200 g Basmatireis*
*1 EL Olivenöl*
*Salz*

**Zubereitung**
Fadennudeln in einer Sauteuse im heißen Butterschmalz goldgelb rösten, Reis, Olivenöl und Salz dazugeben und gut vermischen. Mit ca. 400 ml heißem Wasser aufgießen und gut umrühren. Einmal aufkochen lassen und mit dem Deckel auf ganz kleiner Flamme ca. 15 Minuten garziehen lassen. Kurz vor dem Ende noch einmal umrühren. Eventuell noch etwas heißes Wasser nachgießen.

## Verschiedene Gemüse mit Lauchzwiebeln und Thymian

**Zutaten** *(4–6 Personen)*
*200 g Karotten*
*200 g Kohlrabi*
*200 g Steckrüben oder Navetten,*
  *jeweils geschält und grob*
  *gestiftelt*
*100 g Zuckerschoten*
*50 g Okraschoten,*
  *Stiele abgeschnitten*
*30 g Butterschmalz*
*2 EL Olivenöl*
*½ Glas Weißwein*
*1 Bund Lauchzwiebeln,*
  *in grobe Scheiben geschnitten*
*1 Thymianzweig, grob gehackt*
*Salz, Pfeffer aus der Mühle*

**Zubereitung**
Etwa 1 l Wasser mit 1 TL Salz zum Kochen bringen. Die Karotten dazugeben, nach 1 Minute Kohlrabi, nach 1 weiterer Minute die Steckrüben, nach 2 Minuten die Zuckerschoten und kurz darauf die Okraschoten. Zusammen noch einmal kurz aufkochen. Gemüse in ein Sieb abgießen und mit eiskaltem Wasser abschrecken. Olivenöl und Butterschmalz in einer Sauteuse erhitzen, die Gemüse ca. 3 Minuten darin anschwitzen. Mit dem Weißwein ablöschen, Lauchzwiebeln und frischen Thymian dazugeben und durchschwenken. Mit Salz und frischem Pfeffer aus der Mühle abschmecken.

## Tahinasauce

**Zutaten** *(4–6 Personen)*
*100 g Tahina (Sesampaste)*
*1-2 Zitronen, gepresst*
*75 g Joghurt*
*Salz*

**Zubereitung**
Alle Zutaten miteinander verühren, eventuell etwas Wasser hinzufügen. Diese Sauce gehört unbedingt zu Lammwürstchen und Falafel. Auch gut als Dip für Chips und Gemüse.

## Harissasauce

**Zutaten** *(4–6 Personen)*
*1 EL Harissa*
*½ TL Kumin gemahlen*
*50 ml Olivenöl*
*5 EL Tomatenmark*
*1 EL Granatapfelsirup*
   *(siehe Glossar)*
*¼ l Wasser*
*1 TL Salz*

**Zubereitung**
Alle Zutaten in einem Mixer miteinander vermischen. Unverzichtbar zu Lammwürstchen und Falafel, passt auch hervorragend zu Schafskäse und gegrilltem Lamm.

# Hannas ZUTATEN

**Dattel:** Sie ist die Frucht der echten Dattelpalme, einer alten orientalische Kulturpflanze, deren menschliche Nutzung sich bis in die Archive Mesopotamiens zurückverfolgen lässt. Als Königin der Datteln gilt die *Medjoul-Dattel*, eine besonders große und fleischige Sorte. Ihr süßfruchtiges Aroma mit leichter Karamellnote ist einzigartig. Vom Kern befreit und mit zwei Walnusshälften gefüllt ist sie ein köstlicher Snack zum Tee oder zum Aperitif.

**Feige:** Sie zählt, wie die Dattel, zu den am frühesten kultivierten Früchten. Die Assyrer in Mesopotamien bauten bereits im 3. Jahrtausend v. Chr. Feigen in ihren Gärten an, von dort wurden sie über Griechenland im 7. Jahrhundert v. Chr. im gesamten Mittelmeerraum verbreitet. Welche Feigen die besten sind, ist Geschmackssache. Es ist jedoch empfehlenswert, bei Trockenfeigen auf ungeschwefelte Bioqualität zu achten.

**Fladenbrot:** Arabisches Fladenbrot unterscheidet sich vom türkischen Pide insbesondere dadurch, dass es sehr viel dünner ist und meist zweilagig, da durch starke Hitze Kohlendioxidbläschen freigesetzt werden, die den Hefe- oder Sauerteig aufgehen lassen. Das hat nicht nur den Vorteil, dass dadurch das Brot außen kross und innen weich wird, sondern dass es mit Allerlei gefüllt und als „Besteck" verwendet werden kann: Man bricht das Brot und formt kleine Taschen, mit denen man die Speisen von Tellern und aus Schüsseln aufnimmt.

**Foul:** arabisch für Sau- bzw. Favabohne. *Foul Medammas (Rezept S. 98)* sind nicht nur in Syrien, sondern im ganzen Nahen Osten ein beliebtes Frühstück. Traditionell werden getrocknete Saubohnen eingeweicht und über Nacht gegart. Man bekommt sie aber auch bereits gekocht in Dosen im arabischen oder türkischen Lebensmittelhandel. Damit ist ein leckeres Frühstück in 10 Minuten gemacht!

**Granatapfel-Balsamico:** Ein kräftiger Würzsirup, der durch langes Einkochen des frischen Granatapfelsaftes gewonnen wird. Sein süßsäuerlicher Geschmack verleiht allen möglichen Fleisch- und Gemüsegerichten eine frische säuerliche Note und Vinaigrettes werden mit ihm besonders fruchtig. Beim Kauf des Sirups sollten Sie darauf achten, dass es sich um den säuerlichen Granatapfelsirup *(arab. Dibbes Rumaan)* aus 100 % Granatapfelsaft handelt und nicht um den gezuckerten, aromatisierten, wie er häufig unter der Bezeichnung *Grenadine* angeboten wird. *Granattapfel-Balsamico ist auch bei uns im Shop erhältlich: www.saliba-shop.de*

# Hannas ZUTATEN

**Harissa:** Eine besonders scharfe Würzpaste aus Nordafrika, die in Tuben oder Döschen in türkischen und arabischen Lebensmittelgeschäften zu bekommen ist. Der Schärfegrad unterschiedlicher Sorten kann durchaus variieren, je nachdem, wie hoch der Anteil an Chilis ist. Weitere Inhaltsstoffe sind u. a. Paprika, Kreuzkümmel, Kümmel, Knoblauch und manchmal auch Rosenblüten (Rosen-Harissa). Vielseitig verwendbar z. B. für Grillmarinaden oder zum Einreiben von Röstkartoffeln. Auch toll als Würze für Hackfleisch (Kebab) und unverzichtbar für die Harissasauce *(Seite 143)* zu Lammwürstchen oder Falafel.

**Johannisbrotsirup:** Ein süßer Sirup aus den Früchten des Johannisbrotbaums mit leicht schokoladigem Aroma. Wegen seiner wertvollen Inhaltsstoffe (Mineralstoffe, Spurenelemente, Vitamine A und B und Ballaststoffe) wird ihm eine gesundheitsfördernde Wirkung zugesprochen. Gemischt mit Tahina (Sesampaste) erhalten Sie einen leckeren Brotaufstrich.

**Kataifi – Engelshaar:** Dieser Teig wird auch Engelshaar genannt, da er aus ganz feinen Teigfäden besteht. Er kommt meist aus Griechenland oder der Türkei und wird für Süßspeisen, aber auch für pikante Gerichte verwendet. Kataifi wird aus Mehl, Wasser und Salz hergestellt und enthält fast kein Fett. Er wird frisch im Kühlregal oder tiefgefroren angeboten. Lassen Sie ihn vor der Verarbeitung im Kühlschrank langsam auftauen, damit die feinen Teigfäden bei der Zubereitung nicht reißen. Die mit Engelshaar umhüllten Speisen werden beim Backen oder Frittieren besonders knusprig!

**Kaymak:** Eine Art sahniger Schichtkäse, der aus Kuh-, Büffel,- Schafs- oder Ziegenmilch hergestellt wird. Er findet Verwendung in der Türkei und in einigen Nationalküchen des Balkans und des Orients. Sie bekommen ihn vorzugsweise im türkischen Lebensmittelhandel. Ersatzweise können Sie englische Clotted Cream oder italienischen Mascarpone verwenden.

**Limettencurry:** Eine nach unserem Rezept komponierte Currymischung, die durch Limonenfrucht und Limettenblätter eine schöne Frische erhält. Wunderbar zu Geflügel *(Seemannscurry, Seite 96)* Fisch und leichten Gemüsegerichten. Ersatzweise verwenden Sie Ihre Lieblingsmischung und geben etwas Limettenabrieb dazu. *Auch bei uns im Shop erhältlich: www.saliba-shop.de*

**Rosenblütenwasser:** Stark verdünntes Rosenwasser, das aus der Damaszener-Rose destilliert wird und besonders orientalische

Süßspeisen wie Gebäck oder Milchspeisen verfeinert. Hauptanbaugebiet dieser speziellen Rosen ist heute das marokkanische Dorf Kelaa Mgouna (angeblich haben Pilger aus Mekka die Damaszener-Rose dort hingebracht), wo sie zu Hunderttausenden angebaut, im Mai zum Rosenfest geerntet und zu Öl verarbeitet werden.

**Saliba Gewürzmischung:** Gewürzmischungen sind in allen arabischen Ländern sehr beliebt, insbesondere für Fleisch, aber auch für Fisch. Die Mischverhältnisse der einzelnen Zutaten unterscheiden sich aber nicht nur von Land zu Land, sondern auch von Gewürzhändler zu Gewürzhändler. Ein jeder hat sein eigenes Rezept – und damit sein eigenes kleines Geheimnis. Hanna Saliba hat mit seinem Rezept *(siehe Seite 140)* sein kleines „Geheimnis" verraten.
*Das Saliba Gewürz gibt es auch fertig bei uns im Shop: www.saliba-shop.de*

**Sesampaste – Tahina:** Tahina wird in Griechenland, der Türkei und einigen arabischen Ländern aus gerösteten Sesamsamen hergestellt und hat ein volles nussiges Aroma. Beim Mahlvorgang wird das Öl der Samen freigesetzt und vermischt sich zu einer Paste. Wir bevorzugen die cremigen Sorten aus Syrien, dem Libanon oder Palästina, diese bleiben in der Regel gießfähig, und das Öl setzt sich nicht so stark ab. Die syrische Küche ist ohne Tahina nicht denkbar, weder das Kichererbsenpüree Hummus noch die Walnusspaste Muhammara oder diverse Saucen können darauf verzichten.

**Sumak:** Auch *Sumach* geschrieben, ist ein tiefrotes bis violettfarbenes, herbsäuerliches Gewürz aus den zerstoßenen und gemahlenen Beeren des Färberbaums (Gerber-Sumak) und lässt sich über alle möglichen Gerichte wie Kebab, Fisch oder Salate streuen. Mit Öl verrührt kann man es als Basis für Dressings oder Marinaden verwenden. Sumakzwiebeln (einfach in die geschnittenen Zwiebeln einmassieren) sind eine tolle Beilage zu gegrilltem Fleisch.

**Za'atar:** Eine dem Thymian verwandte Gewürzpflanze, die in vielen Arten im Vorderen Orient und in Nordafrika wächst, und gleichzeitig auch die bekannteste Gewürzmischung, die in erster Linie aus Thymian, gerösteten Sesamsamen, Sumak und Salz besteht. Fast jede Familie in Syrien hat ihr Hausrezept für diese Mischung. Traditionell wird es mit Olivenöl gemischt und als Dip für Fladenbrot verwendet oder auch auf Ziegenquark oder Hummus gestreut.
*Rezept auf Seite 102 und bei uns im Shop: www.saliba-shop.de*

# Hannas REZEPTE

# Hannas HAMBURG

# Hanna sagt DANKE.

Tausend Dank an Rike Flexi und Gabi Kraeft fürs Mitkochen, Nachkochen und Abschmecken, fürs Mitschreiben und Korrigieren.

Meinem Cousin Jakob Touba für das große Engagement und die Opferbereitschaft. Danke!

An Wadie für die tatkräftige Unterstützung und an Wahid fürs Rückenfreihalten.

Dem engagierten Team des Koehler Verlags – Shukran!

Und besonders Roger Zscheile für seine Ideen und die Geduld.

# IMPRESSUM

Herausgeber: Elias Hanna Saliba, Hamburg
Gestaltung: SIGN Roger Zscheile, Hamburg
Texte: Günter Herrmann, Roger Zscheile, Hamburg
Fotografie: Jacques Toffi, Jakob Touba, Hamburg
Rezepte: Elias Hanna Saliba, Rike Flexi, Gabi Kraeft
Printed in Europe

Ein Gesamtverzeichnis der lieferbaren Titel schicken wir Ihnen
gern zu. Bitte senden Sie eine E-Mail mit Ihrer Adresse an:
vertrieb@koehler-books.de

Sie finden uns auch im Internet unter: www.koehler-books.de

Bibliografische Information der Deutschen Nationalbibliothek
Die Deutsche Nationalbibliothek verzeichnet diese Publikation
in der Deutschen Nationalbibliografie; detaillierte bibliografische
Daten sind im Internet über https://portal.dnb.de abrufbar

ISBN 978-3-7822-1387-5

© 2021 by Koehler im Maximilian Verlag GmbH & Co. KG
Ein Unternehmen der TAMMMEDIA
Alle Rechte vorbehalten.